品中国古代文人

先秦两汉文化名人小传

魏雁 著

长江出版传媒 | 长江文艺出版社

图书在版编目（ＣＩＰ）数据

先秦两汉文化名人小传 / 魏雁著. -- 武汉：长江
文艺出版社， 2021.5
　（品中国古代文人）
　ISBN 978-7-5702-1580-5

　Ⅰ. ①先… Ⅱ. ①魏… Ⅲ. ①文化－名人－列传－中
国－秦汉时代 Ⅳ. ①K825.4

中国版本图书馆 CIP 数据核字(2020)第 079072 号

责任编辑：张远林　朱　焱　　　　　　责任校对：毛　娟
封面设计：颜森设计　　　　　　　　　责任印制：邱　莉　杨　帆

出版：长江出版传媒　｜　长江文艺出版社
地址：武汉市雄楚大街 268 号　　　　邮编：430070
发行：长江文艺出版社
http://www.cjlap.com
印刷：武汉中科兴业印务有限公司

开本：640 毫米×970 毫米　　　1/16　印张：16.25　　　插页：1 页
版次：2021 年 5 月第 1 版　　　　2021 年 5 月第 1 次印刷
字数：212 千字

定价：36.00 元

目 录

品中国古代文人

先秦

周公旦

孔子

……

周公旦

站在华夏文明起点的巨人 》》》

1949 年 10 月 2 日,《人民日报》发表长诗《时间开始了》,那的确是一个新时代开始的时间。

如果沿着这个问题一直往回走,中华文明开始的时间,会在哪里呢?

有专家说,那个时间点应当在西周,而拨动时钟的那个人,就是周公旦。甚至有学者说,没有周公,就没有礼乐文明和儒家思想,中华文明就会是另一种精神状态。——依据这个观点,那就是先前周的礼乐文明催生了儒家,而后儒家又参与构建了中华民族的底色?所以如今埋在我们华夏儿女血液中的那个共有基底,其源头是三千年以前的西周?

每一个问号都代表一个大问题。解决这些大问题的一大串钥匙是否都叮叮咚咚地挂在他——周公旦的腰上呢?

我们去找找看。

一 那个遥远的慢慢崛起的周

说实话,周朝(主要指它的上半场:西周)真是很多国人眼中好朝代的表率，周天子仁厚聪明、百姓安居乐业、制度适当、文明娴雅，简直就是教科书式的典范。所以，后人提起周朝，尤其是后来的诸子百家，比如孔子、孟子，简直就是顶礼膜拜了。

这么棒的周是怎么发展起来的呢？

其实，周本来生活在偏远荒凉的西部，是一个没啥文化的部落，但它凭什么就代替了很有文化的商朝并从此一路繁花、凯歌高唱，成为很多人心目中最好的王朝代表呢？

这是一个漫长的故事。

故事的源头在泾水和渭水之间——那个相当于中国美索不达米亚平原的地方。对，在西亚有一个两河流域，在中国也曾有一个两河流域。两河流域的丰沃土地养育着的，似乎都是非常奋发努力的人。

有人说周人最开始是游牧民族，也有人说他们开始是农业民族后来才成了游牧民族。证据是什么呢——因为"周"的甲骨文和金文字形看起来就真的是一块整整齐齐的农田啊！一个游牧民族怎么会拿一块农田作为自己的名字？要整也应该是一片草原才对啊！

看下图：

甲骨文　　　金文　　　小篆　　　隶书

但也有可能是由于作为游牧民族的周人对于农业文明的向往呢？因为向往而拿高度类似于"田"型的甲骨文做了自己的部落名称也未可知？

好吧，不管哪种想法是对的，反正殷商开始的时候，周已经是一个半游牧半农业的部落确定无疑了。

在发展的过程中，周人部落其实是经历过一次大迁徙的，当时的带头人就是他们的伟大先祖：公刘。因为随着人口的不断增多，偏远西部的物产已经无法满足大家的胃，所以部落首领公刘安顿好一部分人，又带领另一部分人向东边的甘肃陕西一带迁徙，之后就长久生活在这里——中国的两河流域。

关于这次迁徙，《诗经·大雅·公刘》有明确的记录，译成白话文大意是：不安于现状，不安于小康。划清田界，装满谷仓。备足干粮，背起行囊。干戈斧钺，全副武装。我们这才奔向远方！

真的好有画面感啊！

陕西、甘肃一带乍看起来不是社会关注的中心，但它位于泾渭之间，土地真是肥沃、水草特别肥美，据说连这里长出的野菜都是甜的呢。《诗经》里面有首歌唱的就是周人当时的生活场景：谁说你没有羊？三百只喜洋洋。谁说你没有牛？七尺长九十头。你的羊来了，角和角挤在一起；你的牛来了，大耳朵挤来挤去。①——不仅有画面感，还很有喜感！

你看周人白天各种开心的生活，牛羊相伴为乐，可是一到晚上就没那么和谐了。那里人烟稀少，地处荒凉，所以成了各路神仙的长居之所，就算晚上出去解个手，也可能经常会遇到各种神鬼出没，叫人胆战心惊。所以后来，周人做什么事都喜欢提前占卜一下，久而久之呢，就编撰出了《周易》，历史学家顾颉刚说周易就是周人研究出来的特别容易的占卜方法——所以周人眼中的容易到底是个什么级别啊！对于我们来说，明明难到几乎看不懂好吗？

---

① 以上两首诗歌的神翻译版本都来自易中天先生！

就这样，白天忙着放牛赶羊、晚上忙着占卜算卦的周部落，年复一年地慢慢强大起来了！而一直处在行政中心的殷商呢？却慢慢衰落下去了。殷商的衰落是一个漫长的过程，但在其中起决定作用的就是帝乙和他的"好"儿子帝辛，也就是历史上赫赫有名的、据说残酷系数排名第二的商纣王。

眼看着自己不行了，殷商为求自保，就主动找到周，利用和亲政策与周搞好关系，周还借机获得了商王赋予的出兵征伐的特权。可是商王朝绝对没想到，自己和亲的女儿生出来的正是自己的掘墓人：周文王姬昌——对，就是外孙革了姥爷的命。

其实在周这个部落里，虽然姬姓的人是领导，但这个部落的大姓是姜，姜子牙的姜，羊字头，可见这个部落是以羊为图腾的，是个标准的游牧民族。羌族本来和周人是两个部落，但是商人总是欺负羌族，拿他们做献祭的牺牲品。后来羌族就和周人亲密联合，组成了一个团队。总的来说，在姬昌的带领下，大家心往一处想，劲往一处使，这个大团队就不断发展强大起来了！

周文王姬昌努力了一辈子，让周完全强盛了起来，最终是他的儿子周武王姬发在周公旦和姜太公的辅佐下，与其他小国广泛结盟并最终在牧野之战中打败了商，商纣王自焚而死，妲己被砍头，商朝灭亡！

其实周灭商本来没那么容易的，可是那时候，有一个夷族部落帮了大忙。啥情况呢？

那一年，就在周人从西、北、南三个方向包抄殷商的时候，你说巧不巧，东边的夷族却先下手为强了。于是商朝的主力部队都开拔到东边去攻打夷族，虽然殷商胜了，但实力大损、元气大伤，于是从西边打过来的周人就轻松拿下了殷商。

就这样，周武王打败了商纣王，建立了周朝。从周开始称皇帝为天子，就是上天的儿子。

有没有感觉胜利来得太突然？

冷静，一定要冷静！

周武王虽然灭了殷商，但其实也只是端掉了殷商的总指挥部，战败的商人除一部分退到辽东半岛和朝鲜半岛以外，大部分残余势力仍然散布在中原的各个角落，随时准备卷土重来。

况且，当时距离殷商比较远的那些成员国本来也是口是心非的多，死心塌地的少，如今联盟总指挥被干掉了，他们一个个都开始蠢蠢欲动、随时准备图谋不轨。

怎么办？

大家都等老大周武王拿个好主意。

可惜的是，周武王病重了！

可能是太多的忧患耗尽了他的精神，太多场战争用完了他的体力，再强大的灵魂没有了血肉之躯的支撑，也只能跟这个刚刚得来的崭新的天下、也是烂摊子一大堆的现实，说再见了。

接下来谁做老大？这是周朝的大事，也是华夏历史的大事。可喜可贺的是，来的这个人正是周公旦。

二 生逢其时的周公旦

话说，武王死前就听取了他的弟弟周公旦的提议，让商朝的旧人在他们原来的住处安居，耕种原来的土地，并尽力争取他们当中有影响的人成为伙伴来领导殷商旧人。这种怀柔的政策在当时得到了很多人的赞许，消解了很大一部分敌对情绪。

接着，病重的周武王在临终前就决定要把王位传给有德有才的弟弟姬旦——也就是周公旦，并且很坚定地说这事不需占卜，可以直接做决定。

谦虚低调的周公泣涕不止，一直不肯接受。于是后来大家决定，由周武王十几岁的儿子继位，但在其成年以前，由周公旦摄政，全权处理国家事务。

周公为什么要哭呢？我猜一是舍不得自己的哥哥死；二是百废待兴的烂摊子一大堆，其实他也有点头疼啊！

哭也没有用，哥哥周武王还是死了；头疼也没办法，只能硬着头皮上！从那一刻开始，整个周朝的命运就交到了他手里。也可以说，整个华夏民族的命运，都交到了他手里。

在周这张白纸上，他能画出怎样的图画？是依着商朝体制照猫画虎还是另起炉灶全盘格式化？他那时的任何一个决定都将影响此后数千年的体制走向，虽然很难，但可喜的是，他选择了后者。

当我们今天回过头来看这段历史，可以说，在那一刻，是周公旦拨动了中华文明的时针，滴答滴答，从此再也没有停过。

我们来看看他都做了哪些关乎千年的改变。

其一，人本思想和伦理文化。

俗话说万事开头难，掌握政权的周人怎么才能说服天下人自己做老大是合理合法合情的呢？换句话说，你革商朝的命，合理性在哪儿？你掌握政权，合法性在哪儿？你又不是殷商人的血脉后代，如今继承大位，哪里合乎情理？

这是周公执政后第一个需要解决的重要问题。这个问题涉及周朝的根本，不可回避，必须回答。

周公旦思来想去，翻来覆去，只有一个说得过去的答案：天命！

是的，天命当年曾经将天子之位赋予了商人，但现在，它偏爱周人。

周公在官方回复以后，暗暗地想，哦，按照这个逻辑，原来天命也是靠不住的啊！那是不是有一天，上天又突然偏爱别的部落而剥夺了周人做天子的权力呢？

思来想去的周公旦吃了一惊，既然天命靠不住的，那就还是得靠人——这就是人本思想的起源！不过这个"人"很大程度上指的是执政者本身。虽然如此，从商朝依靠神权到周公旦以人为本，确实是一次很大的进步。

第二个问题来了，如果治理天下要靠人，那这个人应该怎么做呢？

周公旦给出的答案是"德"字！德的古字是"悳"，意思是执政的人自己先要把心放直了，不能有偏私。然后以一颗不偏私的心去治理国家，管理人民，就一定会有好的结果。

后人在商朝的文字里并没有发现这个"悳"字，可见商以前确实没有德治。那时候都是天负责任，从周公开始才是人自己负起责任，自己治理得好，天就降福给你，自己治理得不好，天就降祸给你。——德治自此成为华夏历史几千年各朝各代优秀统治者追求的目标。

小结来说，殷商靠神权，周公旦就以人为本；殷商靠刑罚，周公旦就以德治国。从神治到人治、德治，人治成了正统，于是神权就落到旁门，宗教文化开始变成了伦理文化。而这，正是中国为什么一直没有宗教的原因。

很多外国学者研究中国文化就觉得很奇怪很不能理解，为什么中国人可以过一种完全没有宗教的生活？因为中国人早在周公旦时候就开始靠自己，靠人治理国家，不能满足的超额欲望就说服自己放弃，意欲向内追求内心的平静，这一直是华夏文明的内核。

其二，建立起华夏文明的中心。

西周的都城开始是在镐京，也就是西安附近。可是周公东征之后，国家的地盘扩大了，周公觉得都城距离那些新近占据的领土太遥远了，于是建议周成王迁都洛邑（今洛阳）。

为什么是洛邑呢？古时候的人们认为天是圆的，地是方的，圆圆的天盖在方方的地上，诶，还留出了四个半圆形，这就是四海。——四海之内皆兄弟的四海。而这个方的地上应该有个中心，这个中心是与天的正中心相对的，天的儿子就该居住在这个中心点上，两点之间直线最短，天的儿子有什么事情要跟天商量、祷告，这下就方便多了！以那时候的国土范围而言，这个中心点就是洛邑。

从陕西西安到河南洛阳，可以说正是从那个时候起，这一带开始成为华夏民族的政治中心。秦朝定都咸阳，西汉定都长安、东汉定都洛阳，隋朝和唐朝一样都是西京长安、东都洛阳；宋朝的都城是汴京，也仍然在这条东西线上；直到明朝，朱棣才把京城搬到了北方的北京。

可以说，正是从这时候起，陕西、河南沿线，包括毗邻的山东、山西、河北，成为华夏民族的家。凡是在这个家居住的，都是中国人。这不仅仅是一个地理概念，更是一种政治和文化概念。其他的，不管你是居住在西边东边的、北边南边的，都是外族。外族想入主中原，要么你有本事天下一统，要么就要"变夷为夏"，也就是被华夏民族同化。

这个华夏民族的大家，这个华夏文明的根，是从周朝开始奠定的。

有人说，从三皇五帝到夏，都是摸索阶段，好比孩子三岁以前，还不能自己走，只能摸爬滚打；殷商呢，好比是我们这个民族的少年时代，还是一副懵懵懂懂的样子，叛逆得厉害，总是捅娄子；到了周，我们这个民族开始变得成熟沉稳，有了干事的样子。但他也确实干出了一番大事，并就此拨动了华夏文明的时针。

其三，礼乐制度。

其实礼乐并不是周公的发明，周朝之前的夏和商也有，但不同的是，礼乐在之前是形式，是哀伤或幸福的表达形式。而从周公开始，礼乐变成了制度。

礼的实质就是秩序，比如说，天子坐的车是什么样的，大臣的车是什么样的；参加祭祀的时候，谁站在哪儿；上朝议事的时候，谁位列最前排等等这些都是由礼来规定的。在夏商用来处理人神关系的礼到周朝变成了用来处理人际关系的制度，人际关系，包括君君臣臣父父子子，也就是说，每个人都要在这个社会的链条中找到自己的位置并且尽好自己的本分，好比是一部大机器中若干的小零件，只有每一个零件都运转正常了，国家这部机器才能良性运转。

这就是礼制，也就是我们说的礼仪之邦的礼。礼制用于治理国家，就是礼治。用这样的礼制来教化人，就是礼教。

那"乐"是什么呢？

乐是用来为这样的礼润色的，或者说，增加理解、安抚心灵的。在音乐中，每一个音都是不同的，有长有短、有高有低，可正是它们千变万化的排列组合才奏出了好听的曲子。本来尊尊卑卑、看起来高低不同的秩序就像这些音符一样，合在一起才能奏出和谐的乐曲。

这就是周公的礼乐，也是中华礼乐文明的开端。

其四，大封建制度和嫡长子继承制。

前面说过，周武王打殷商的时候，东夷莫名其妙地冲在前面当了炮灰，在周朝最终得到胜利果实的时候，东夷肯定很不开心了，凭什么先上的是我们，享受胜利喜悦的却是你们？东夷不满！

原有的殷商旧人有一部分得到了安抚，但很大一部分、尤其是本来距离远、三心二意的部落没有得到好处，也很不满！

周武王死后，作为老四的周公旦当了执政王，凭什么？老三管叔也很不满！不仅不满，他还联合纣王的儿子武庚以及东夷部族反叛周朝。这个管叔是不是真傻啊？不管怎么说，周朝也是你们姬姓的天下啊！肉反正是烂在一个锅里嘛！

没办法，周公只好发出诏命，率兵东征。如果说当年牧野之战端掉了殷商的总指挥部，那这次周公东征才真正扫清了所有的外围势力。三年东征，灭国达五十多个。自此以后，周人再也不是西方的"小邦"，它已经成为东至大海，南至淮河流域，北至辽东的泱泱大国了。

这么大的地盘，怎么管理呢？分封建国！

具体是这样的：周公按照各种关系排出有军功、有血缘、有大小先后的顺序，然后把周得到的天下大分 N 块，分别建立宋国、鲁国、卫国、燕国、晋国、齐国。其中建立宋国和卫国，都是为了对付殷商旧部，分而治之；而其他三个国家分封给自家兄弟，主要是考虑边防前沿；齐国是分给周人部落的大姓姜氏的。一句话，不太放心的放在自己眼皮子底下，比较放心的为国家驻守边关，为周朝立下汗马功劳的，也备以大礼。加上后来分封的，周公先后建置了七十一个封国，其中受封的包括武王的十五个兄弟和十六个功臣。

就这样，周公通过分封建国，瓦解了殷商旧部，安抚了自家兄弟，酬劳了功臣盟友——这就是中国最早的邦国制度，相当于现在英美的联邦制度。

看着大家都高高兴兴到自己的封地上当王去了，身在洛阳的周公还是很不放心啊，他拉着鲁国国君，也就是自己儿子的手说：我是文王的儿子、武王的弟弟、成王的叔叔，地位已经很高了。可我还时刻注意勤奋俭朴，谦诚待士，唯恐失去天下的贤人。希望你到了鲁地，不要因位高而盛气凌人啊。

不同的人不同的叮咛，交代了又交代，他目送着大家一个个离开了京城。诶，又想起来了，这些世袭的国君有那么多儿子，到时候可别为了继承尊位的事儿给打起来，于是周公旦赶紧又规定了一个嫡长子继承制，就是由正妻的大儿子继承尊位。

这个制度一直沿用到清朝。虽然帝位的争夺从来都是血雨腥风，但嫡长子继承制确实也免去了多少骨肉相残！

其五，井田制。

农业文明时期，这么多的邦国，这么大的天下，怎么耕作呢?

周公推出了井田制。就是每一个邦国，先把所有的土地划成九等份，中间的一块叫作公田，其他八份都是私田，私田分给不同组别的民众由其负责耕种。但是，人们在耕作私田之前，必须先把公田耕作好，公田的所有收入用来进行公共开支！

这样的安排是不是很棒？

虽然井田制在后来的秦国被商鞅变法所破坏，但不得不说，这真是一个聪明的做法，这个根本的土地制度保证了农业的有序进行，也保障了周朝800年的基业！

从礼乐治国到大封建、从以德治国到井田制，他一个人面对一个天下，下了一盘好大的棋！

他勤恳努力、智慧超群、运筹帷幄，执政七年，不仅把周朝治理得井井有条，还给后世的中国留下了很多可供借鉴的制度模型。华夏文明的时钟由此开始旋转，再也没有停止过。

三 那棵成长繁茂的华夏文明之树

七年后，周成王长大了，周公就把权力交了出去，"还政成王，北面就臣位"。退位后的他，把主要精力用于制礼作乐，继续完善各种典章法规；悉心教导成王如何成为一名仁德的天子！

又过了三年，周公看着周成王成熟稳重了，便离开京城去田野间养老，不久得了重病。临终前，他叮嘱说："一定要把我葬在成周，以表示我至死也不会离开成王。"

周公死后，成王欲葬周公于成周，没想到天降暴雨，狂风不停，禾苗都被淹了，很大的树根都被拔出来，国人都万分惊恐。周成王收到上天的信号，急忙将周公葬到周文王的墓地旁边。后来成王总结说："这表示我不敢以周公为臣啊！"

在周公以及他悉心培养的周成王的治理下，当时的人们都生活得特别幸福，历史记载说四十多年之间没有一个人犯罪！

后来西汉初年的大学者、政治家贾谊曾经这样评价周公："文王有大德而功未就，武王有大功而治未成，周公集大德大功大治于一身。孔子之前，黄帝之后，于中国有大关系者，周公一人而已。"

"与中国有大关系"，这七个字真的字字千钧。

什么样的大关系呢？

一颗种子和一棵大树的关系。

周公旦就是那颗种子，而华夏文明，就是那棵葱茏的大树。

这颗种子里面，藏着多少基因密码呢？我们来细细看看。

基因组别之忧患感。

周公旦在周朝夺取天下之后，勤奋思考，研究出了一套一套的制度。他所有努力的原动力是什么呢？

忧患意识！

"生于忧患，死于安乐"的忧患。这是当年压在周公心里的，也是伴随华夏民族成长的一个根！

《诗经》里面说："战战兢兢，如临深渊，如履薄冰。"孟子说："生于忧患死于安乐。"曹操说："忧从中来，不可断绝。"范仲淹说："先天下之忧而忧，后天下之乐而乐。"贩夫走卒说"天下兴亡匹夫有责"；《义勇军进行曲》说"中华民族到了最危险的时候"！

正因为有了忧患意识，周公旦才能废寝忘食，勤勉思考广作布局；正因为有了忧患意识，之后的国人才能在胜利的时候保持清醒，在和平的时候加强练兵，在丰收的时候广积粮。

当然，国人的心里也不是时时刻刻都装满忧患，就像周公旦当年允许大家三月三日过情人节疯狂嗨皮一样，他们还知道两个字：乐观——对啊，事情再坏也坏不到哪里去，天塌下来有个子高的顶着。

一忧一乐，是华夏文明一对和谐有力的翅膀，这对翅膀在西周初期开始扇动，带着华夏民族开始飞翔。

忧患与安乐这对和谐的存在，好比国人痴迷的太极图。黑与白可以旋转，可以此消彼长，甚至可以互换，但永远相依相存。

基因组别之道德感。

周公强调礼制。用孔子的话说就是君君臣臣父父子子，用现在的话说就是各司其职。

怎么样实现这种秩序呢？靠法律吗？不是。华夏民族靠的是人的理性，也就是靠长期礼制所形成的一种道德感来共同维护社会的整体运转；这与西方社会依靠宗教戒律、法律外力来建立秩序是两条完全不同的路径。前者是自信，后者是他信，前者靠自律，后者靠他律。

在中国，周孔之礼遍及生活的各个方面，每一个人都被这张无形的网罩住，是保护也是制约，最好的修炼目标是从心所欲不逾矩。因为靠自律自信，国人崇尚精神追求，安置自我心灵，向内逐求发展；西方靠他信他律，一旦解套，无限地向外逐求欲望满足，以先进的科技取世界之物为我所用。所以，中国之所尚，在圣贤；西洋之所尚，在伟人；印度之所尚，在仙佛。

基因组别之家庭伦理。

在分封建国的过程中，周公旦分的是殷商原本的土地，封的却很多都是自家兄弟。那时候，鲁国的大王可能是晋国太子的伯父，卫国公子娶的可能是齐国的表妹，诸如此类，走来走去都是姬姓的支脉，什么是天下？天下就是家，家就是天下，真是好大一个家！

虽然周公旦分封的最初目的是为了稳定，但从那时候开始，家文化却成为华夏文明这棵大树上重要的一枝了！

西方人的组织架构是国家——个体；中国人的组织架构是：国家——家庭——个体。

中世纪前后的西方，强调的是集团主义，是强硬的宗教戒律；后来的西方，是自由的个人主义。就在西方在集团与个人之间来回选择的时候，中国却早在西周时候就选择了一种契合于当时政治制度的、居于集团与个人之间的一种关系：那就是家庭。

"家和万事兴"，"一人之罪，诛灭九族"。中国的社会组织，轻个人而重家族，先家族而后国家，家族本位是中国特色之一，家庭生活是中国人的第一重社会生活；亲戚乡里朋友的关系，是中国人的第二重社会生活。这两重社会生活，集中了中国人的要求，规范了中国人的活动。

梁漱溟有句话说得极好："盖人生意味，最忌浅薄，浅薄了，便拢不住这样漫长的生命。"中国人的家庭伦理，超越个人而拓远一步，使人能从较深较大处寻求人生全部的意义。

一般人很难有可能上升到国家层面去考虑事情，但如果只考虑个人的事情又不免有些单调浅薄，所以中国人建立了自己的家庭伦理文化，以家族为单位，需要操心的事那可就多了去了。今天二姨家女儿结婚，得去；明天二舅家儿子娶媳妇，得去；后天三婶家孙子过满月，也得去。这种基于血脉、可以实现的较大范围的关注契合了人生绵长、忙碌、复杂的需求，充实了一代又一代国人的人生。

如果说，佛教解决的是前世的债——现实的还——来世的福；那么国人的家庭伦理学解决的就是：前面的祖先父母——现在的兄弟姐妹家庭和睦——未来的子孙成才。

家文化是中国传统文化的重要基因密码，植根者，便是周公旦！

基因组别之儒家思想。

儒家思想经过各代皇帝两千多年的教化，已经成为华夏文明坚实的底色，而周公一直被尊为儒学奠基人——这个身份界定不是别人说的，是儒家自己坚定认同的。

周公是儒家代表孔子最崇敬的古圣之一，孔子曾说："甚矣吾衰也！久矣吾不复梦见周公。"战国时期继承了孔子思想的孟子首称周公为"古圣人"，将周公与孔子并论，足见尊崇之甚；战国末期儒家思想的发扬者荀子仍以周公为大儒，多次赞颂周公的德才。

那么周公的思想体系与后来儒家的主张，其重要契合点有哪些呢？

比如德治。周公以殷商为鉴，第一个提出了德治思想，而德治正是儒家思想的核心。可以说，周公不仅为儒家的"德治"思想奠定了坚实的理论基础，而且还成功地进行了实践。

比如为民。周公最早提出了敬天保民的观点，要求统治者要敬畏天地，时刻保持警惕，勤政为民，以身作则。儒家"仁者爱人"

的思想与其一脉相承。

比如礼制。周公成功的礼制实践、社会秩序井然有序的现实状况，为孔子提供了一个礼治天下的绝好范本，孔子在鲁国的政治实践以及他一直强调的"克己复礼""君君臣臣父父子子"的秩序感，都是希望能够再现当年周公治理的天下。可惜当时已是春秋时期，孔子的梦想始终没有实现。

正是因为有周公成功实践在先，孔子终其一生都对自己的坚持深信不疑。

当然，周公当年在埋下这些基因密码的时候，也没想到这些因素有好的一面，也有不好的一面，比如说国人因为缺乏国家概念，习惯性地不讲公德；因为好徇人情，所以缺乏法治精神等等。

然而，这一切终归是瑕不掩瑜，有学者说："今天的中国文化，其基因和许多特点都是在西周开始形成的，西周文化和周公思想形塑了中国文化的精神气质。周公是中华民族的文化先祖。"

诚以为然！

孔 子

儒家文化的奠基者 »»»

一个人若没有十足的胆量，是不敢来写孔子的小传的。

我迟迟不敢动笔，因为我的确也没有这个胆量。就算我终于攒着自己坐在这里仰视他，我发现竟连最后那一点点些微的胆量也吓得跑掉了。

我很想用无知者无畏、初生牛犊不怕虎这样不知天高地厚的道理来安抚自己，但完全没用，我已经不是那青春年少自以为无敌的年纪了。

面对他，培养了中国士人并在此后几千年的时间里支撑起整个中国文坛政坛的他、奠定了华夏民族精神内核的他，被后人一再高山仰止、无数遍解读的他，我还能找到一个什么奇特的视角来向你介绍他呢？尤其是作为一个挤在几十亿人群中观摩、个子又真的很不高、感觉随时要被淹没的微小个体，她还能有什么样新奇的视角？

今天是 8 月 22 日，再过 35 天，就是孔子的诞辰了。这时间使得我更不敢随意着笔，生怕写着写着，重生的他要走过来质问我——但这肯定只是我这样的小人之见，孔子这样的老师，他一定是对我谆谆教导的，就像他以前一直在做的那样，有教无类。什么意思呢？就是不管你是大精英还是小笨蛋，他都愿意好好教你的。他就像我们每个人都遇到过的那个会一生惦记的班主任，温和又严厉，智慧而有趣。

把孔子看成我们曾经的班主任，这会是隔着几千年的尘雾走近孔子、与他心意相知的一条可行的路径吗？

一 多才多艺多智慧的班主任

孔子那时候教学生，用的是什么教材呢？

是春秋固有的学问：六艺。

六艺和孔子确实有非常密切的关系，但很多证据已经表明，六艺并不是孔班主任创作的；但有一点很确定，他是以六艺教导普通人的第一人。

六艺包括六种基本才能：礼、乐、射、御、书、数。

其中礼就是礼节教育，类似于现在学校的德育教育，礼又有五礼，包括吉、凶、宾、军、嘉，也就是不同场合需要的不同礼节。这是孔老师的第一层身份：德育老师。

乐是指音乐，音乐课又包含了云门、大咸、大韶、大夏、大濩、大武等古乐。就是不同地域、不同场合表演的音乐。这是孔老师的第二层身份：音乐老师。

射是射箭技术，这个技术竟然又包含了五种射技：白矢、参连、剡注、襄尺、井仪。大概就是各种射箭的技巧吧，比如单支射法、双箭齐发等等。这是孔老师的第三层身份：体育老师。

御指驾驶马车的技术。驾驶马车还有五种技术呢，比如说驾车的节奏得和鸾鸟的叫声相符合——这要求真的太高级了！还比如说即使是在曲折弯曲的水岸边疾驰而过也不能落水——行车有风险，落水须谨慎。这个倒是很正常的要求！还有一点，就是驾车经过天子的仪仗队时，应该具有一定的礼仪。这是孔子的第四层身份：驾驶教练。

还有一项工作是教书法，也就是书，包括书写、识字、作文等，这个比较容易明白，就像我们的语文老师。——这是孔子的第五层身份。

还有最后一种：数。数指理数、气数，即阴阳五行生克制化的运动规律。像化学、生物、地理的综合体那样？——综合科老师，这是孔子的第六层身份。

简直太厉害了，一个老师可以同时教六门课！

不仅如此，孔子老师跟别的老师还有一个很大的不同：别家的老师，比如墨家，都注重自己那一家的学问，整天让学生背诵自己家的书稿《墨经》，但孔老师是真正的教育家，他讲学的目的，是为了全面培养人的，培养为国家服务的人。所以他总是耐心地教学生读各种书，学各种功课，他的学生颜渊曾经就说过，我们孔老师"博我以文，约我以礼"——又教我写文章又教我懂礼貌，颜渊说这话的时候估计是很骄傲的那种感觉！

孔子的教育工作视野宏大，效果良好。连道家的庄子都真心夸赞他：儒家的六种功课，"诗"以道志，"礼"以道行，"乐"以道和，"易"以道阴阳，"春秋"以道名分。一个人应该具备的知识素养，孔老师该教的都教了，剩下的就只能看学生自己了。

正因为功课内容齐全、分类众多，孔子弟子的成就也是各个不同——就好比现在班上有的同学喜欢数学、有的同学喜欢化学一样。孔子几千学生中，成绩突出、有名有姓传下来的一共有72位。这里边，德行比较好的、也就是德育专业得分较高的，比如颜渊、冉伯牛；言语能力比较强、也就是能说会道、语文专业比较突出的，比如宰我、子贡；文学水平比较高的，比如子游、子夏；处理政治事务的能力比较强的，比如冉有、季路。

正是因为孔子的有教无类，教育有史以来第一次平民化，中国才有了第一批士。什么是士呢？他们以做学问、教育普罗大众为人生主题，不蚕而衣、不耕而食，他们就像孔子撒向人间的一颗颗种子，种子开花结果，果实又变成种子，一片片延伸出去，慢慢地成了中国政治、文学界最重要的力量，他们有一个共同的名字：儒家。

儒家在中国历史上的地位如此重要，他的渊源在哪里呢？是孔子首创的吗？

不是的！

"儒"字的本来意思是柔，是古代对从事丧葬行业的人的一种称呼。

中国人历来重视死的观念与丧葬礼仪，这种需求早在殷商时期就促生了一个特殊的社会阶层——儒。说明白点，他们就是专门负责办理丧葬事务的神职人员，因为他们的职业地位比较低微，收入也不多，做事时还要仰人鼻息，所以一个个都形成了比较柔弱的性格，这就是儒的本意，即柔。

实际上，柔只是他们的外表，其实他们是通生死之道、懂天地之理的厉害人，就相当于现在说的知晓天文地理、通晓《易经》的高级知识分子吧？正是他们，一直维持着古代严肃的丧葬仪式，直到东周衰落、群雄并起之后。

春秋战国时代，贵族政治崩坏，当初最看重的丧葬仪式也没那么受重视了，儒们就失去了自己的专职工作，不得不散落到民间。他们手不能提、肩不能扛，但他们在之前的工作岗位上学到了很多知识，所以就开始以教书为生，但教学对象多以新兴的富家子弟为主。

某种意义上来说，孔子从事的职业跟他们有类似之处，但不同也很明显，孔子是大规模地在平民中招生、坚持有教无类。同时因为孔子本人特别崇尚周朝、始终打心眼里尊重周礼、而丧葬制度又作为周礼的一项重要内容，所以孔子教的弟子就继承了丧葬行业人士的称呼，统一叫儒生。

那时候，贵族政治彻底崩坏，苏秦张仪等人徒步而为相，孙膑、白起等人白衣而为将，布衣将相之先例从此开始——固有的阶级关系由此大变；土地制度上来说，井田制遭到破坏，从原来的率土之滨莫非王土变成了农奴翻身把地占；经济上而言，整个社会的财富流转发生巨大变化，商人从平民之中崛起，有的甚至富可敌国，比如著名商人吕不韦。

春秋战国时期，整个社会震动之大，前所未有、史所未见。在这样的时代大背景之下，人心思变，各种治世之道应运而生。

以孔子、老子、庄子等人为代表的诸子百家，对社会的未来，各有看法，有批评或反对旧制度的，有想要修正旧制度的，有想立一个新制度来代替旧制度的，还有反对一切制度的。这是一个大过渡、大变动的时代，旧的制度失去了权威，新的制度还没确定，每一个人都正在十字路口徘徊。

中华民族面对的下一个大的十字路口估计就是两千多年后的辛亥革命了，延续了两千多年的封建帝国时代结束，接下来该去向何方？那也是一段公说公有理婆说婆有理的时代，不过时间并不像春秋战国时代如此之长，其波动、或者说思考的深度，也未有此次之深。可以说，春秋战国时代的大变动是中国政治史上绝无仅有的，也是中国思想史上绝无仅有的。先秦思想成为一座丰碑，那丰碑下埋着我们先辈五百多年的痛苦、煎熬和求索。

孔子老师只是在课堂上进行理论求索、教导学生吗？不是的，他不仅在理论上艰苦求索，还曾在鲁国、在周游列国的辛苦旅程中艰难实践过自己的政治理想。

二 艰难实践儒家政治理想的热血青年

从孔子一生的政治实践和挫败的次数之多来看，他确实算是政治界屡败屡战的热血青年！

热血青年是这样慢慢成长起来的。

孔子是后人对他的尊称，他的原名叫孔丘。孔丘出生在鲁国、成长在鲁国，应该算是鲁国人。但孔子的先祖其实是殷商的旧人，周朝建立之后，殷商旧人在原来的地盘上建立起了宋国。孔子的先辈就出生在此，据说孔子这一脉的先辈本来是有机会做宋国国君的，但后来却发扬风格让给了自己的弟弟。而且后来他这一脉又全家迁移到鲁国。

在鲁国生活了很久的孔家，到了孔丘的父亲这一代。孔丘的父亲64岁的时候和一个十几岁的姑娘颜徵在结婚了。按道理说，这年龄相差的确有点大，在当时的社会也不太被接受，连《史记》里面写到这部分都用了"野合"二字。

传说孔子的母亲是在尼丘山下诚心祷告，才生下了他，所以他的头形也像尼丘山一样是周围高中间低。好有画面感，感觉就像一个大大的山谷，里面装的全是智慧。因为头长得很像是尼丘山的样子，所以母亲就为他取名孔丘，因为排行老二，所以字仲尼。（古代取名字，老大带一个伯字，老二是仲，老三是叔，老四是季。）

因为父亲年纪确实大，孔丘生下来还很小的时候，父亲就去世了。孔丘只能和母亲相依为命，家里应该是很穷的。但是他很好学，母亲对他要求也很严格，长大的孔丘越来越争气。

年轻的他在鲁国政府里做了个小官，因为工作成绩好，很快就被提拔做了大司寇，还是挺厉害的，真是穷人的孩子早当家！

孔子的工作做得很出色，这事传到了隔壁的齐国。齐国人怕孔子再这么努力继续治理下去，鲁国就成了一个有威胁的邻居，于是他们就策划了一场会盟，意思是要好好教训教训鲁国，让他们知道旁边还有一个强大的齐国，做事情不要太过分。（插播一句：这时候孔子已经开始收学生了，一边工作一边教书。）

其实这时候的齐国已经不是春秋五霸之首齐桓公在位时那个厉害的齐国了，齐桓公去世之后差不多100年，孔丘才出生的。但是曾经做过老大的齐国一直自视甚高，所以对于这次的齐鲁会盟，还没正式开始，态度上就已经剑拔弩张了。

这次会盟鲁国方面主要由孔子负责，孔子找当时在鲁国当权的季氏兄弟要五百乘兵车押后，他说：文事都要以武事做后盾才能办得好呀！

季氏虽然口头答应了，可就是一直不给人、不给车、不给马。

没办法，年轻的孔丘和鲁国国君只好硬着头皮出发了，但孔丘很厉害，他为自己和国君准备了后手。

到了会盟的地方，齐国国君已经在高台之上，气势傲人。鲁国国君就座之后，齐国管事的官员就快步向前请示说：请开始演奏四方舞乐。

于是演奏。

孔子急忙上前说道：我们两国国君是来友好相会的，为什么在这里演奏夷狄的舞乐？请命令管事官员让他们下去！

齐国国君心中惭愧，于是示意演奏者下台。

接着官员又请示演奏宫中的乐曲——说是宫中的曲子，演奏者其实不过是一些歌舞杂技艺人以及身材矮小的侏儒。孔子再次上前阻止，"普通人敢来胡闹迷惑诸侯，依法论罪这可是要杀头的！请命令管事官员去执行"！

结果这些艺人、侏儒都被执法，齐国国君大为恐惧，他深知自己讲道理绝对比不上孔子，回国之后很是惶恐！

接下来的事情就是，一方面孔子更受到鲁国国君的重用，在国内继续改革；另一方面呢，齐国开始想办法阻止孔子受重用。

先说鲁国。

孔子回国后，第一件想干的事情就是削弱把持朝政的季氏三兄弟的势力——臣子比国君势力还大，以下犯上，这可是孔子最不能接受的，他要的是君君臣臣父父子子，个人要有个人的样子，这样社会才能稳定，秩序才可井然啊！

可是拿什么做借口呢？

爱读书、爱研究周朝礼制的孔丘发现，按照周朝的定例，臣子们的城墙都不能高过一丈，长不能超过三百丈。可是季氏三兄弟家中修筑的城墙明显已经超过了这个标准吗！

热血青年孔丘就带着人去拆毁城墙，很必然的结果是，双方打起来了。最后还是国君出面，总算是成功拆毁了两座城墙。

在孔丘的努力下，眼看着王权就要一步步回收了。可是就在这关键时刻，齐国的办法也想出来了，他们精心挑选了美女 80 人、健马 120 多匹送给了鲁国国君。

本来心里就害怕季氏三兄弟的鲁国国君彻底被美女、健马拉拢腐蚀了。孔子看在眼里、急在心里。子路劝老师说，现在我们可以离开这里了吧？孔子还是坚持说，鲁国马上就要在郊外祭祀了，如果祭祀之后的烤肉能够按照周的礼法分给大夫们，那我就继续留下。

结果并没有分到肉！

没办法，孔丘只好带着几个学生离开了鲁国，这时候的孔丘已经 56 岁了。56 岁，对那时候的人来说，已经很老了。那么老的老人还要背井离乡，他的心里一定很难过吧？更何况当时的情况是回乡不可期，前路两茫茫。

其实关于孔子在鲁国当大司寇这段时间的工作表现如何，不同的人也有不同的判断，比如说木心就很不满意孔子曾经杀掉少正卯这件事。少正卯也是个学者，也收徒讲学，思想新、口才好，还把孔子的门徒吸引过去了一些。孔子会不会因为这件事不开心真不知道，但事实是作为大司寇的孔子以少正卯聚众结社、鼓吹邪说以及混淆是非为由，把少老师给杀了！《论语》中没有提及此事，子思也不说，但是后来是荀子把这件事说了出来。——可惜的是少老师的学术到底是哪一派，我们无从知晓，因为他并没有什么著作留下来。

这件事我觉得应该一分为二来看，毕竟说到底，孔子他不是神，他也是有七情六欲的人。

就这样，并没有完全灰心的孔子抱着自己的政治主张也许能够在别的国家得到实现的美好愿望离开了，对呀，他的政治主张在鲁国不是已经取得了令人瞩目的成就吗？

第一站，孔子带着他的学生到了卫国，当时卫国的国君是卫灵公，卫灵公真不能算是好国君的代表，他有点老了，浑浑噩噩的，但他有个很漂亮的妃子叫南子。南子因为倾慕孔子的才华，很想单独见一下他。

南子在当时名声不太好，孔子本来是不想去的，但他可能想取得南子的支持以图在卫国能够实现自己的政治抱负，所以还是应约前去了。

司马迁在《史记》里面记载说他们两个人的见面是隔着帘子进行的，孔子能听到南子走路时身上首饰发出的叮叮当当的声音。两人的对话内容确实已经无从考证了，但他的学生子路就对夫子单独去见南子这样的女人表现出明显的不满，为此，孔子还对天发誓说："予所不者，天厌之，天厌之！"意思是说：如果我有做得不对的地方，就让上天厌弃我吧，就让上天厌弃我吧。——还重复了两次，《史记》有记录。其实孔子是很少或者几乎没有这样赌咒发誓过的，这样激烈的情绪在孔子也是绝无仅有的。

虽然起了些波折，但有一段时间卫灵公还是重用了孔子，然而最终孔子还是带着他的学生离开卫国继续前行了——直接原因是孔子看到卫灵公的办事风格，深知他不是可以长期合作的人，所以选择了离开。

他带着弟子们来到了宋国。

按理说，宋国人应该会很欢迎他，因为孔子本来就是宋国人，而且他的祖先本来还应该做宋国的国君。

然而正因为如此，当时的宋国国君特别怕他回来夺权，所以拼命赶他们走。第三站，一行人颠沛流离来到了郑国。

当时正逢郑国战乱，孔子和弟子们就被冲散了——用"屋漏偏逢连夜雨，船迟又遇打头风"这样的话来形容当时的孔子，真是再合适不过了！

他的学生子贡满大街跑，才终于找着了孔子。孔子当时好凄惨，问子贡说，街道上这么乱，你是怎么找到我的啊？

子贡说：人家告诉我东门这边坐着个外乡人，额头长得像尧，神情像是个大人物，却狼狈得像一条丧家犬。我就知道肯定是你了。

孔子笑了，你说的对啊，我就是一只丧家犬，惶惶然如丧家犬！这七个字就成了孔子那十几年颠沛流离生活的最好描述。

有人说孔子五行属土，而且还是路边土，所以一生注定要辛苦辗转、漂若浮萍。

就这样，他们好不容易想办法从郑国到了陈国，又碰上陈国内乱，十几个人终于到了绝境，他们被困在一个山洞里，十几日都没有饭吃——这就是在陈绝粮的故事。

在绝境面前，有些学生心里就想不通了，他们甚至有点怀疑是不是孔子的治国理念本来就有问题？

孔子的学生颜回说，夫子是个高人，他们看不懂，所以才不能重用他。

听到这个讨论的孔子感动得流下了热泪！

再后来他们就南渡到了楚国，楚国倒是非常热情地接待了他们，国君也很想重用孔子，但是楚国的宰相对楚王说，孔子这个人很厉害，身边又有那么多人辅佐他，他又不是楚人，留下来恐怕会对楚国不利吧——宰相说的恐怕是对自己的地位不利吧！

实在走投无路的孔子又不得不回到了卫国。

再后来，当年的鲁国国君去世了，新任的国君很想重用孔子，于是孔子终于受到自己的祖国鲁国的邀请，在他整整漂泊了14年、从56岁到70岁，风里雨里、颠沛流离了14年之后，他才终于回到了自己的国家。

著名的《春秋》也是孔子在十几年的漂泊之路上坚持而作的。

回到家的孔子终于过上了安详的老年生活，他不再参与政事，只求安心讲学。

回家三年之后，孔子逝世。逝世前七天，子贡去看望他，他正一个人拄着手杖站在门口，他对子贡说，泰山要倒了，梁木要断了，有学问的人要死了。他说梦见自己的棺木停在两楹之间，就像自己的祖先殷商人那样。

曾经的热血青年孔子走完了自己的人生路，一个伟大的灵魂停止了思考，一个坚持自己的政治主张、辛苦辗转希望理想得以实践的圣者，终止了自己前行的脚步。

三 有生之年从未停止思考的思想者

孔子的思想体系像海一样深邃，像海一样宽广。我们只能做简单的、浮光掠影式的探寻。

大家都知道，孔子的思想总括起来，就是一个"仁"字——仁爱的仁。孔子终其一生都在研究怎么样才能仁爱？就是说人要怎么样才能情同此心，才能站在别人的角度考虑问题，对别人都能报以同情的态度。

孔子找到的途径是"忠恕"二字。

忠呢，上面一个中，下面一个心，就是要我们把心放在中间，不偏不倚地去思考问题；恕呢，上面一个如，下面一个心，就是说要像自己的心，意思是要学会推己及人，"己所不欲，勿施于人"，只有这样才能得出公正的结论。

知道怎么思考问题之后呢，孔子说，接下来就要用"智勇"去解决问题，也就是用实际行动去推行仁爱。什么才算智勇呢？

智就是智慧，勇就是一往无前的勇气。要用这两样东西去行动！

孔子一边强调人要一往无前地去做，一边也强调不能过了头。所以孔子又提出了一个"中庸"之道——"中"呢，就是刚刚好，不左不右，不上不下，不偏不倚；"庸"就是"不易"，不易就是不改变，也就是尽量延续之前好的状态，不改变原来的样子。

是不是有点糊涂了，一会说要一往无前，一会怎么又说维持现状?

孔子说的维持现状，是指在现状已经很好的情况下，比如说周朝，如果社会制度的设置已经像周朝那么好了，那就尽量不要改变它，好好维持下去、好好发展、不要没事瞎折腾就可以了！如果不够好，那就要用智慧和勇气让它变好。

要做到以上这些，就要积极的入世——这也是儒家的核心理念。他强调人生要有一番作为，要一心一意为国为民。同时期的道家不同，道家强调的是出世，成全个人的人生追求。一个入世一个出世，一个为国为民一个成全自己，你很难说哪个对哪个错，很多时候，在于你所处的环境，甚至你的年龄段。

先秦以后，儒家的入世和道家的出世就像一条路的两端，几乎所有的士人终其一生都在这两端之间徘徊（汉朝初年之后随着佛经的传入，慢慢地又加入了佛家）。像白居易，年轻的时候是积极入世的儒家，中年以后就成了成全自己、寄情山水的道家；杜甫却是坚持做了一生的儒家；被称为中国最后一个大儒的梁漱溟，很年轻的时候就出家做和尚入了佛家，但后来又很快走出寺庙为民请命，做了一生的儒家。

孔子的思想博大精深，有很多精辟的言论都收集在他学生记录的《论语》之中。

《论语》是孔子的弟子记录的和老师之间日常对话的书，这些对话看起来一二句三四句，其实包含了很多人生的哲理，所以弟子们记录下来，使之代代相传，人人受益。

《论语》全篇都是以"子曰"起头，子曰就是孔子说。

举几个例子：

子曰：饭疏食，饮水，曲肱而枕之，乐亦在其中矣。不义而富且贵，于我如浮云。

第一句是说随便吃点粗茶淡饭，然后舒舒服服枕在自己的胳膊上睡觉，真是乐在其中啊！第二句却突然从简单的生活景象一下子飞跃到了另外一个人生高度：如果通过不道德的手段取得的富贵，对我来说简直就是浮云！

孔子真正想说的也许是，第一种状态很好，但是如果能够通过正义的途径，获得富贵获得施展自己抱负的机会那也不错。当然，如果是不道德的手段，那一切就都免谈！所以在孔子心中，排第一的是义而富且贵，第二是饭疏食曲肱而枕，最差的是不义而富且贵，坚决不选。

子曰：岁寒，然后知松柏之后凋也。

表面是说，天气真正冷的时候，才知道松柏是不会凋落的。深层的意思是说，只有在艰苦的环境中，在污浊的社会中，才能判断出谁才是真正的君子。

子曰：吾十有五而志于学，三十而立，四十而不惑，五十而知天命，六十而耳顺，七十而从心所欲不逾矩。

十五岁开始好好学习天天向上；三十就该自立（成家立业）；四十岁不应再有诸多困惑，不要再活得像个问题少年，整天问别人为什么；五十岁的时候就该理解天命，懂得有些事情就是命中注定，非人力所能改变；六十岁听到什么事情不应该再生气发火。人到了六十岁，应该有充分的宽容去理解这个社会以及人生中发生的一切；七十岁的时候应该活得随心所欲，而这种随心所欲自然地、本能地就不会超过社会规范的圈子。——两千多年前的孔子总结了人的一生在每个阶段该有的样子，是不是很经典？

　　子曰：一箪食，一瓢饮，在陋巷，人不堪其忧，回也不改其乐。贤哉，回也！

　　孔子这是在表扬自己的爱徒颜回，孔子教授的弟子大概有3000多人，其中72人有名字流传下来，孔子比较喜欢的有十几位，其中最喜欢的就是这位志存高洁、能够真正理解孔子思想的学生颜回。

　　不仅如此，孔子也一直在思考"仁"的含义，根据学生记录在《论语》中的言论，他曾经这样说过："巧言令色，鲜矣仁。"也就是说，虚假的、花言巧语之类的，肯定不是仁。但"刚毅木讷近仁"。意思是说，刚毅木讷这样的品格，就接近仁了。那么到底什么是仁呢？孔子曾经从很多侧面对此进行了解释："樊迟问仁，子曰爱人。"这就是"仁者爱人"的来历吧。但"仁"又不仅仅如此，结合《论语》前后的观点，仁是可以包含孝、忠、智、勇、礼、信。"仁"在孔子这里是全德的总称，是孔子思想体系顶端的那个点。

　　《论语》中有很多深刻的做人的道理、治国的道理，言简意赅地体现了孔子的思想。宋朝初年有个宰相赵普，就是和赵匡胤一起发动陈桥兵变、建立了宋朝、后来当了宰相的那位，他就非常喜欢读《论语》，说"半部《论语》治天下"！

作为生命个体的我们，不敢随便就说治天下，但学来指导一下自己的人生也是不错的！

孔子的思想不仅体现在学生的记录之中，还完整地保留在他自己创作的《春秋》之中。

前面我们说过，70岁才回到家的孔子终于过上了安详的老年生活，他不再直接参与政事，而是以"国老"的身份问政，也就是说保留一个知情权。这时候，孔子有条件仔细阅读鲁国档案。他为了寄寓自己的政治理想和主张，就精心删订了自己漂泊途中所作的那部鲁国的编年体史书——《春秋》。

为啥这么老还不肯休息，还要来删订《春秋》呢？

关于这个，孟子说得很清楚："世道衰微，邪说暴行有作，臣弑其君者有之，子弑其父者有之。孔子惧，作《春秋》。"意思就是说，那是一个剧变的时代，西周时期的礼制彻底崩塌了，孔子特别担心这种状况会持续下去，于是写下了这本书。——从这个创作初衷来看，我们可以判断，《春秋》看似在讲客观历史，其实暗藏了孔子的褒贬态度，还有孔子的治世思想。

那么，书名为什么叫《春秋》呢？咋不叫个《冬夏》？

孔子这本书其实就是记录鲁国的历史，说简单点，就相当于《鲁国两百多年大事记》，可为什么不直接这么叫而偏要叫《春秋》呢？

孔子没解释。后来有南怀瑾先生解释说，"春秋"其实就是春去秋来。直白些理解，就是春去秋来、逝水流年，发生在鲁国的那些事儿！

还有一点值得一说，春秋战国时期的"春秋"二字，其实就是从孔子的这本书名借来的。为什么呢？因为孔子的这本书记录的时间是前722年到前481年，而东周苟延残喘、气数未尽的这段时间也差不多是在前770年到前477年——到这一年诸侯国就彻底翻脸不认人了，赤裸裸的战国就开始了。因为这两个时间如此接近，后人就直接用孔子的书名来命名这段历史了。

一本书名可以作为一个时代的名称，为什么呢？

因为其中不仅深藏着孔子博大精深的治世思想，其文笔还异常富有特色，形成了独具风格的春秋笔法。

深藏的意思是，如果你不认真阅读发掘，根本就不会明白孔子本来的意思。举例说明：

《春秋》第一篇，隐公的故事。开头第一句，"元年春王正月"，请问这六个字是什么意思？真要说明白那就真的很复杂了。

元年说的是鲁隐公继位的第一年；春，就是一年开始的意思；王正月，王，大家都认为是周文王，这三个字的意思是说周文王定下的那个正月（周朝是以十一月为正月，秦始皇是以十月为正月），这六个字合起来的意思应该就是：十一月，鲁隐公继位了。

既然是这样，为什么不干脆直接说呢？

这里面的讲究就多了：孔子明明喜欢鲁隐公，想表扬鲁隐公，可是又不能直接说，为什么呢？他这是为鲁隐公着想。这又是为什么呢？

因为鲁隐公本来不是上一届鲁国国君指定的接班人，真正的接班人是他的弟弟：太子鲁桓公。但是前任大王死的时候，鲁桓公还小不懂事，所以大家都推鲁隐公上位。鲁隐公很为难，不上吧，万一鲁国有人趁机作乱怎么办？上吧，万一有人说他贪慕权力怎么办？他那时候就像当初的周公旦一样迷茫，可是最后他做出了和周公旦一样的决定，上！不仅上了位，还勤勤恳恳兢兢业业，把鲁国治理得非常好。在位 11 年后，主动积极地把国家大权交给了长大的鲁桓公。

鲁隐公这个人很有能力又很低调，但继位这事说起来总有那么点名不正言不顺的感觉，所以孔子讲他的故事，为他着想，契合他奢华低调有内涵的本心，并没有直接说他继位了。

鲁隐公死后谥号为"隐"，也真是很符合他一直以来对自己的定位。

但遗憾的是，后来鲁桓公竟然听信小人之言，杀死了自己的哥哥鲁隐公！

根据《中国历史大事年表》所列，桓公弑隐是东周以来第一位弑君而不被讨伐的人。《春秋》注释版之一的《谷梁传》也说："桓弟弑兄（鲁桓公下的命令，就相当于是他杀了自己的兄长），臣弑君（一个黑心的臣子具体执行。臣子杀君，开启以下犯上的先例），天子不能定，诸侯不能救，百姓不能去，以为无王之道。"所谓："政者正也，天子为天下之正，诸侯为国之正，君继位不正，则不能正臣下，则国多争，礼乐不行，祸乱并至。"

孔子一向主张礼制天下，他觉得这一点做得最好的就是西周了，到春秋已经是天下大乱。大乱的根本原因就在于礼法的破坏，而礼法破坏的第一人就是这个杀死了自己亲哥哥鲁隐公的鲁桓公，所以孔子将隐公的故事作为《春秋》的首篇来写，隐含的意思就是维护礼法。仁德有才的隐公被杀，春秋乱世的大幕由此拉开。

一个首篇，六个字，竟有这么高深的意思！

因为《春秋》里面深藏着孔子的褒贬态度和治世思想，该书面世之后，炫目的"春秋笔法"更是刺痛了很多乱臣贼子，甚至有坏人因之却步——这就是文字的力量，有力量的文字像钉子！

不仅思想很深，《春秋》的文学成就也很高。《春秋》不仅用极少的文字表达出了完整精准的意思，实现了简单最美的审美追求，而且每一个字还都不能换，也就是说，中华汉字万万千，再没有比他用的这个字更合适的了——这个就不必试验了，很多前辈估计都已经试过很多次了！所以《文心雕龙》评价说，《春秋》辨理，一字见义。——就是说一个字就能表达得很清楚了，不必那么多废话！这也就是春秋笔法最大的特点：微言大义。具体概括就是"微而显，志而晦，婉而成章，尽而不污，惩恶而劝善"。简单来说，就是如果你不仔细琢磨研究，根本就不知道孔子到底是在表扬你还是在批评你。

四 儒家思想体系的继承发展

孔子思想绝对是实打实的博大精深，这么光辉闪耀的思想体系没有人继承，理论上不大可能。那么卓越继承了孔子思想的第一位是谁呢？

是比孔子晚出生一百多年的孟子。

如果说孔子在世时早已敏锐地感觉到礼制时代已处在大崩溃的

边缘，那么到一百多年之后、活在战国中期的孟子，看到的那就已经是赤裸裸的彻底的崩溃了。在整个时代都在下坡路上一路狂奔的时候，逆向而行的、一心向往西周礼制社会的儒家思想能在这个时代寻找到自己的立足之地吗？孟子能扛起这杆大旗建立儒家的根据地吗？在战雷滚滚、只讲分割地盘侵占资源的战国时代，我们不禁要为他捏一大把汗。

那么孟子是一个什么样性格的人，他有可能担此重任吗？我们先简单理一下孟子的生平故事。

说起孟子，其实他和孔子的共同点真的很多哎。首先他们都是鲁国人（虽然再往深了追，也还是有不同：因为孔子这一脉是从宋国迁来鲁国的；孟子这一脉却是从鲁国迁到了邹国）——某种程度上也还算是老乡吧？又都是贵族的后代——在教育这件事上，贵族一般会拥有更多的资源；而且孟子和孔子一样，都是很早就没了父亲，都是靠母亲教育成长起来的——一个伟大的智慧的母亲在孩子成长过程中何其重要！对呀，历史上关于孟子成长最著名的故事就是孟母三迁了，汉朝《孟子题词》里面记录说："孟子生有淑质，幼被慈母三迁之教。"孟子的母亲为了给他一个良好的成长环境，曾经多次搬家，从"近于墓"到"近于市"到"近于屠"，最后才是"近于学宫"。

近于学宫的孟子终于开始认真学习啦！他凭自己对人生、天下的理解，在先秦诸子百家的学问中，选择了以孔子为代表的儒家，他曾说过"自生民以来，未有盛于孔子也"。这简直就是前无古人的高度评价了。

其实，孟子在学成出师后很长一段时间，都是安安静静在邹国教书的。对，他就是一名辛勤的园丁，传说中人类灵魂的工程师！我甚至可以想象孟老师讲课时那种神采飞扬、气壮山河的样子——孟子是山东人，高大魁梧、性格外向的可能性较大，当时的记载也充分说明了这一点。

平静日子的打破是在他45岁那一年。那一年齐威王出了个布告，要广招天下游说之士。正当壮年的孟子动了心，心动之后马上行动，就此开始了他长达二十多年的周游列国的历程（孔子是56岁离家周游，孟子则要年轻一些）。

深信儒家思想可以挽救天下人心的孟子也真心希望能在政界一展拳脚。但孟子所处的时代，大家都懂的，是诸侯混战的战国时代，各国国君，有实力的梦想着称王称霸、威服诸侯；没有实力的也在寻求自保、不要被大国灭掉。学术界的各门各派呢，也都在寻找适合自己发展的舞台，毕竟生存才是第一要务，飞黄腾达才是人生目标啊！在这种大背景下，兵家与纵横家深得各国领导喜欢，似乎也是理所当然了。可是孟子呢，继续坚持仁政思想不放弃不泄气！那么孟子周游列国的过程怎么样呢？会有丰硕的成果吗？

首先孟子的辩才绝对是一流的，而且还特别会讲故事，不惜利用一切机会宣扬仁政，引对方进入自己的逻辑圈套。

比如说他跟当时的齐王那段聊天记录：他问齐王，假设我出去办事，将自己的老婆孩子拜托给一个朋友照顾，可是回来后却发现那家伙根本没有尽心尽力，老婆孩子都在挨饿！你说这样的朋友怎么样？齐王听了很不爽，这算是什么朋友啊？绝交！

孟子继续问：那如果您的下属不能管理好自己的下属，天天让他们胡作非为，那又应该怎么办呢？齐王一听就火大了，那还用说，罢了他的官，让他回家看孩子去！

孟子接着问：那如果一个国家治理得不好，国君要么不勤于政务，要么不懂治理之道，那又该怎么办呢？这下齐王不说话了，额，这个嘛。于是"王顾左右而言他"。

正因为悟透了儒家思想，孟子才能随时随地生动形象地跟别人讲故事，灌输仁的道理。不仅如此，孟子在实际生活中还有一种特别重要的品质：不畏权贵。话说孟子跑去见梁惠王，人家就趾高气扬地问他："老先生啊，如果我重用你，对我们国家有啥好处呢？"最讨厌一开口就谈利的孟子老实不客气地回敬他说："为什么一定要说利呢？您做什么都是把利放在第一位考虑吗？"说完还滔滔不绝地把梁惠王给教训了一顿。

私底下和朋友谈到权贵的孟子也表示，没必要把他们当回事，更不要在乎他们那种高高在上的样子。这些都没什么了不起！如果我得志了，就不会那么干！他们的所作所为，都是我不屑于如此的；我的所作所为，又都是符合古代礼仪制度的。所以我为什么要怕他们？为什么要在那些人面前低声下气？为什么要改变自己迎合他们？瞧瞧，孟子就是这么坚定而硬气！

遗憾的是他在风里雨里颠簸了二十多年、跑了好多个国家，也没有真正得到重用。孟子在其他各个国家遇见的情形其实也都差不多。为什么不能受到重用？其实不是孟子没有才华，也不是孟子坚持的儒家思想不够系统有益，而是因为那个特殊的战国时代！好比现在年轻人常说的那句：在错误的时机遇到了对的人，也不会有结果。

就这样，屡战屡败、屡败屡战的孟子在六七十岁的时候，也选择了和自己的偶像孔子一样的人生道路：退而述——除了自己不停思考，便是悉心教育弟子。——为什么感觉战国时期的孟子就像是重新活了一遍春秋时期孔子的人生？嗯，但是孟子的人生和思想真的就是孔子人生和思想的简单重复吗？

肯定不是的！历史总会重复，但历史从来都不是简单的重复！

现在我们回到孟子的思想体系上来，来看看他对儒家思想的继承和发展。

首先，孟子是从哪儿继承的儒家学说呢？

据说是从子思的门徒那里，子思是孔鲤的儿子，孔鲤是孔子的儿子（所以孟子是从孔子的孙子的门徒那里学到的儒家思想）。但子思的儒家思想并不是从父亲孔鲤那里继承的，而是从孔子的门生曾参那里学来的。曾参和他的父亲曾点一起在孔子的门下学习，而且都学得很好，多次得到孔子的夸赞。所以后来他成为子思的老师对其进行儒家思想的教育，似乎也是情理之中。

从子思的门徒那里学到儒家思想的孟子，也像孔子一样开始带学生了。孔子当年以六艺教导学生，孟子也一样。但孟子作为班主任，他的性格更热情、高亢一些，他就像那个站在讲台上高喊着"让暴风雨来得更猛烈些吧"的青春昂然的老师。他对人类社会有着一种超越时代的关心，他说"如欲平治天下，当今之世，舍我其谁"？这种大无畏的、一派纯真执着的儒家精神，在后世的梁漱溟那里曾经得到有力的回响，梁老九十多岁高龄时还曾说过这样激动人心的话：我不能死，我若死，天地将为之变色，世界将为之改辙。——听起来真像傻话，但你品味一下，那里面装着的都是他们对人类社会的无限赤诚之心！就像佛家说的那句"我不入地狱，谁入地狱"，那种迎难而上的勇敢坚毅，那种为国为民的执着热情，都是一样的舍我其谁！

所以说，由这样一个天生热情昂然、英勇无畏、才思敏捷的孟子继承孔子的思想，对孔子及其儒家思想来说，都是一种幸福！那么孟子在继承儒家思想之余，是否还有发展呢？

有的。

孔子强调仁政，为民发声。孟子呢，更进一步，他认为一切经济制度、政治制度，都应该是为民而设，甚至连国君，都应该为民而设。因为：民为贵，社稷次之，君为轻。为民，可以说是孟子思想的根本。

从这个立场出发，孟子对周朝的很多制度作了重新审视：比如说井田制的中间那一块是公田，农民在耕作私田之前先得将公田打理好，这在当时称为服徭役。但是孟子说，农民为王公贵族代耕公田，不是服役，是交税。——事情还是那个事情，但孟子这么一解释，封建农奴制度竟然变成了社会主义性质的土地制度！事情还是那个事情，但经孟子这么一说，农民似乎更容易接受了？

另外，孔子提出的"仁者爱人""忠恕之道"都是希望人能把心放在中间，以己推人，做到情同此心。孟子对此作了进一步的回溯。人为什么能做到情同此心呢？因为人生来就有"四心"：恻隐之心、羞恶之心、辞让之心、是非之心，这"四心"分别是仁义礼智发源之端，称为"四端"；人之所以为人就是因为他能扩充发扬这四心，四端。——孟子的意思是说，不管什么人，生来都有这四心四端的基因，但后天的培养也很重要，有的人在培养中扩充了，有的人却在生活中失去了。失去这"四心"的人，在孟子眼中就变成了禽兽。他特别强调的是：人之所以为人，正是因为他有四心。无此，便与禽兽无异。

还有，与孔子的温柔敦厚不同的是，孟子一直有的是"如欲平治天下，舍我其谁"的大自信，"杀一不辜而得天下，不为也"的大悲悯，"自反而缩，虽千万人，吾往矣"的大勇决。如果说，儒家思想是一条线，那么孟子确实是把这条线拉长、画粗了。但他不仅拉长了，还偶尔会拐个弯，表达一些孔子没有关注过的问题。比如说：命运！

孔子的核心关注点是人这一辈子，从生到死的过程之中应该思考、努力的事情。但孟子却钻研下去，坦然面对天命这一神秘的超自然存在。他说，人只要按照自己认为正确的道路去走，至于结果成败，那就是天命了，是人力所无可奈何的事情。所谓："莫之为而为者天也，莫之致而致者命也。"

孟子之后，由于儒家思想本身不太符合战国时代的逐利需求，曾经沉寂过很长一段时间，直到儒家的另一位继承人荀子出现。

荀子比孟子小 74 岁，其实在孟子去世的时候，荀子已经 9 岁了，按说儒家思想不应该有那么一段沉寂的时光，但是荀子是 50 岁才开始出来讲学，所以这中间还是有 40 年的时间可以说是儒家思想的沉寂期。

荀子是个什么样的人呢？

冯友兰说：孔子在中国历史上的地位，就像苏格拉底之于西洋史；孟子在中国历史的地位，犹如柏拉图之于西洋史，其气象之高明亢爽亦似之；荀子在中国历史之地位，如亚里士多德之于西洋史，其气象之笃实沉博亦似之。

说得很明白，荀子的性格偏于沉稳、持重，与"高明亢爽"的孟子不同，拿中国自己人比喻来说，孟子就像曹植，热情爽朗、聪明倜傥；荀子呢，就像曹丕，沉稳老练。

我们当然不是说不同的性格特点会直接导致他们的思想如此迥然不同，但同样继承了儒家思想的荀子与孟子大有不同确是事实。

孟子说性本善，荀子偏说性本恶。荀子的意思是，人之初，其本性中并没有道德的成分，道德是人后天养成的，比如说刚刚生出来的孩子，不管母亲有没有乳汁，就是哭着要奶吃，有奶便是娘。难道这个初生的孩子，有恻隐之心吗？有羞恶之心吗？人性本恶，但经过后天的培养，可以从善。这是荀子的观点。

不仅如此，孟子曾主张人要善养浩然之气。所谓浩然之气，就是人与天地宇宙融为一体的气概。每个人，只有不断培养自己的智慧，不断用善行来积累自己的人生，到最后，都能培养出浩然之气。而荀子呢，他却认为天地人是构成宇宙的三种力量，天管刮风下雨打雷闪电，地管万物生长，人管群居秩序行为准则，天地人本该各司其职、各不相干，所以人为什么要与天地宇宙融为一体？人为什么要管天的事、要以天的眼光来行事？

那么你说孟子说的对，还是荀子说的对？

其实在思考天地人这件大事上，很难确定地说谁对谁错。因为这个研究对象实在是太大太广阔了，从不同的视角出发，就会有完全不同的结论，而又无对无错。

荀子猛怼孟子，但对孔子却是尊敬有加的。比如说孔子喜欢周朝的制度安排，荀子也喜欢。庄子认为战国时代已经发生了变化，与西周时期的社会状况完全不同了，西周时期的制度也必然不能适用了，可是荀子不管，荀子是这样说的，今日之天地，犹是昔日之天地；今日之人类，犹是昔日之人类。类不悖，虽久同理。周制何以不复行？

那么，如果按照荀子的说法，一个制度就可以用千千万万年咯？时移世易，与时俱进，在这一点上，庄子说的似乎更合理一些啊！

荀子对孔子的认同还表现在对于民众的教化上，孔子说："兴于诗，立于礼，成于乐。民可，使由之；不可，使知之。"意思是说，诗礼乐是教育民众的基础，一定要抓好。如果民众自己能掌握好，就让他们自己好好发挥过活；如果民众玩不来这些东西，执政者就要好好教化他们。而荀子就更进一步，说的是"民易一以道，而不可与共敌"。主张统一民众思想的荀子，在这一点上又切实影响到了他的学生李斯。而后来作为秦朝丞相的李斯发起焚书坑儒活动，恐怕其源头也是在这里了。

荀子之后的儒家更是突然迷上了《易经》，易经本是占卜之书，但儒家从《易经》中得到启发，认为天下诸事，表面繁杂不一，其实均依乾坤之道，各从阴阳之理。表面上的各种变相，其实都在六十四卦之中。于是他们写出《易传》附于《易经》之后，大大扩充了《易经》的范围，让《易经》从占卜走向哲学——这便是后来的新儒家时代了。

荀子之后，到了汉武帝年间，儒家思想的继承者董仲舒更是苦心钻研儒家学说，十年寒窗苦读而著《春秋繁露》，他仔细梳理了儒家的思想体系并被汉武帝钦点为汉朝的统治思想，从此思想界停止了百家争鸣而改为独尊儒术。

但汉朝的独尊儒术其实只限于官方渠道，私人传授其他各家思想的，仍随它去。只是任何人想要从政做官，必须学习儒学和六经。

这种看似温和的制度设置，实际上把握住了问题的核心，那就是考核制度是人才选拔的核心，人才选拔是吏治的核心，吏治是国家治理的核心，国家治理是保天下太平的核心，所以说选拔制度从来都是一个标杆，你需要什么样的人才，就树立什么样的标杆，反之，你树立了什么样的标杆，就得到什么样的人才。这个道理，真是古今通用。

汉朝树立的是儒家的标杆，得到的便是以儒家之学治理天下。

董仲舒的目标，一言以蔽之，他是要在儒家的经书，尤其是《春秋》里找出治世的学问，合着阴阳五行家的体会，为汉武帝找到了一方治世良药。

汉朝以董仲舒为代表的儒家有非常难得的两点认知：

一是借鉴阴阳家关于天人会有感应的说法，提醒皇帝要勤政爱民，若天降异象则皇帝需要认真地问问自己有没有做错什么，汉朝所有的皇帝都坚持如此，这必是极好的。人而无畏，不知其可也，人若有畏，必时时正己，于国于民有利！

二是他虽全心为汉朝服务，却并无媚心，仍然清醒地看到天道，提醒汉武帝及其子孙朝代更替是规律，需静心以待。他一心为着汉的荣华，却也埋下一个悲伤的伏笔……

正是在长达440年的汉朝这段时间之中，儒家思想奠定了它统治中心的地位。从此，以孔子为开端的儒家思想真正占据了中国思想界的舞台，甚至一度被称为儒教。孔子本人也从人慢慢变成了神。后来几千年的帝国时代，虽然偶有以黄老学说为治理模式的短暂阶段，但儒家思想却始终作为官方标杆而一直存在、发展。

　　直到 1911 年辛亥革命之后，帝国时代结束，新的制度又还没有建立起来，中国社会再一次站在一个巨大的十字路口，各种西方思潮涌入，儒家思想在表面上的影响似乎有所降低，但其实，它只是更深地沉入到华夏文明的内核之中，沉入到华夏儿女的血脉之中，直到现在，它仍然是国人主流价值观的重要组成部分！

墨 子

湮没在历史长河里的大人物 》》》

墨子其实真是中国历史上的大人物：作为中国历史上唯一一个农民出身的哲学家，他创立的墨家学说在先秦时期影响很大，与儒家并称"显学"，在当时百家争鸣之时，有"非儒即墨"之称。从战国到汉初，墨子也常常被世人与孔子一起并称为"孔墨"。

当时这么厉害的大人物，是什么时候开始慢慢隐身的呢？

大家看汉武帝时期司马迁的《史记》，其中对于墨子的记载，就是非常简略的，大概这时候，思想界就已经是儒家的天下了，所以孔子跻身世家，而曾经与他齐名的墨子连一个列传都没有得到。司马迁只是在《孟子荀卿列传》里面用 24 个字附载了墨子的简单信息："盖墨翟，宋之大夫，善守御，为节用。或曰并孔子时，或曰在其后。"

直到清代以后，研究墨学的人才慢慢多起来。

在诸子百家之时如此显明，之后却安静地隐身在历史的长河里长达两千年，这中间到底发生了什么？

今天我们走近哲人墨子，翻开他的弟子汇编成的《墨子》，轻轻探访那一段陈年往事……

一 有关墨子的三个问号

墨子年龄大还是孔子年龄大？墨子是哪国人？墨子是不是姓墨？这些看似简单直接的问题，其实真的很难得到正确答案。

墨子到底比孔子年龄大还是小？司马迁那时尚没有定论。但根据后来人的研究，墨子比孔子小确属定论。另外，墨子同孔子一样，都是鲁国人，也是有了定论的。

但司马迁在《史记》中明确说墨子是宋之大夫。当然也不能说明宋之大夫就是宋人，尤其在战国那个人才都是在全天下范围内大流动的特别时代。其实，人们不太愿意相信墨子是宋人恐怕还有一个非常朴实的原因就是，宋国人在战国简直就是愚笨的代名词。战国时的傻事笨事蠢事都是拿宋人来说事的，比如小时候读过的拔苗助长的故事、守株待兔的故事。人们怎么可能相信在这个群体智商堪忧的宋人之中能产生如此聪明的哲人！

当然，不愿相信是主观判断，考证发现墨子是鲁国人是有真实依据的。实际的情况是这样子的，正儿八经农民出身的墨子在鲁国出生长大并建立了自己的思想体系，但他后来是在宋国任大夫，他的理念曾在宋国实践应用过一段时间。

一直以来，还有一个关于墨子的讨论是，墨子到底是不是姓墨？墨在那时是不是一个姓？

古人一直相信墨子姓墨名翟，但后来的研究发现，古代的墨，并非姓氏，而是一种刑法，凡是受了这种刑罚的人，都会被奴役流放，所以日子过得很苦。而出身农民的墨子主张的勤俭节约、过清苦生活等，与这些人的生活方式确有相同之处。所以，这种流派慢慢地以刑罚名称"墨"来命名了——但这个说法是否准确还没有定论，只是一种推论供大家了解。

作为一个农民哲学家，又起了个奴役流放之人所受刑罚的名字，看来这样的墨家一开始就下定决心要与社会主流价值观背道而驰的。

春秋战国时期，社会阶层大变，贵族政治彻底崩坏，作为以西周为榜样的儒家就各种痛心不已，而作为农民代表的墨子则欢欣鼓舞。墨子和孔子所站立场的截然不同，决定了他们思想体系的完全不同——甚至说是完全相反的。

比如说以孔子为代表的儒家重视丧葬礼仪，墨子却认为这纯粹是虚耗财物，没有任何意义；儒家主张以礼治天下，墨家则主张依靠兼爱；儒家以西周为好朝代的榜样，墨家则以夏朝为榜样；儒家行事温文尔雅，墨家则较为粗俗。

下面我们来好好说说墨家思想体系的主要内涵。

二 近乎军事化管理的墨家

墨子的弟子当时总共有 300 多人，是一个接近于军事化管理的团体。所有弟子的行动，都由墨子统一指挥；弟子出去当官后，如果弟子的领导不愿意实践墨家的观点，那么弟子就必须辞职；弟子当官后，如果逢迎谄媚、不再遵守墨家规定，那么墨子会出面请弟子的领导辞退该弟子；所有弟子出去工作后的收入，也要跟大家一起分享。

在墨子的严格管理下，弟子们越来越具有一种侠士精神——可以为彼此赴汤蹈火，死不足惜。

墨者的首领，名为巨子，相当于有绝对威严的军事首领，巨子对于违反了墨者规定的人，有生杀大权。

这种教育现象还是比较稀少的，墨子是怎么做到的呢？

我们通过几组设计的对话来了解墨子思想的主要内容以及他的教育方法。

首先，墨子对弟子们说：你们大家一定要兼爱哈，有福同享有难同当。不仅人与人之间如此，国与国之间也应该如此，不要打打杀杀、以大欺小、恃强凌弱——兼相爱是墨子思想的核心内容。

墨子认为，国家人民之大害，就在于国与国之间、民与民之间无休止的互相争斗，为什么要争斗呢？因为人们不相爱。所以墨子认为兼爱可以作为解决所有问题的良药。——但是在春秋战国时期，尤其是在以战争为主要生活内容的战国时代，这种兼爱的思想哪里有存在的空间？各个国家想的都是怎么扩大地盘，远交近攻之类的。这可能也是墨子这种近乎理想化的思想体系没有在战国继续发展的核心原因所在吧？

对话继续。

弟子们问：请问这是为什么呢？

墨子回答说：其实这就好比是一种投资，你这样对别人，别人才会这样对你对不对？——交相利作为兼相爱的补充，一起作为墨家思想的核心。这六个字的意思是说，大家都要互相爱护，不侵占别人的利益。但是同在一个区域内，难免会发生损害别人利益的行为，比如说大家同住在一个房间，你晚上想点灯读书，可是别人想睡觉，灯光可能会影响别人的睡眠。这时候应该怎么办呢？墨子由此提出了"交相利"，就是说大家要商量好，实行利益交换，得到对方同意，就不算侵害别人利益了。所以有人说功利主义是墨家哲学的根本意思，但这种功利不是那种损人利己的，他强调的是对国家好、对百姓好、互相好的那种利，这也是墨子判断一切事情是否有价值的标准。

有比较大胆的弟子就问了：可是如果我就是不想有福同享只想有难同当，行不行呢，先生？

墨子就回说：不行不行的，兼爱是天意。你如果不这样，鬼神会罚你生病的。——敬鬼神是墨家思想的重要内容，来自鬼神的惩罚也是墨子贯彻其主张的重要途径。

农民出身的弟子就说了：先生我们读书少，你可别吓唬我们，你之前不也生过病吗？难道是鬼神在罚你？

墨子有点不高兴了：你们必须信！你如果还不信，就只能让国家权力机关来惩治你。——墨子在鬼神的制裁之外，又拉来政治的制裁。

大家继续刨根问底：可是凭什么国家权力机关要惩治我？我为什么就要听他们的管理呢？

墨子坚定地回答：因为君权神授，神的话不听怎么行呢？

说到神，很多人沉默了，还有几个想要抗辩一些什么的人，张了张嘴，却不知该说些什么。

这时，墨子的死对头孔子踱着方步走了过来。（笔者设计对话，便于理解墨家与儒家思想的主要分歧所在。）

墨子立马上前责问，不放过任何一个辩论的机会：我说孔子先生，你不是不信鬼神么？为什么又喜欢搞各种祭拜仪式，还总是那么隆重？

孔子不慌不忙地回答说：我们拜的不是鬼神，是祖先，是一种诗意的感恩。孔子的眼光突然变得柔和起来，他看着远方，似乎在缅怀他的先祖，然后，悠悠地说了句：这种诗意，你这农人是不会懂的呀。——墨家信鬼神，儒家远离鬼神。

墨子依然用现实的目光焦急地恫吓孔子：你怎么能不信鬼神呢？你不信鬼神，鬼神都不高兴了。——墨家眼中的神是至高无上的，代表了古代农民的宇宙观。

孔子气定神闲地回了句：可是这个关我什么事，我这辈子都还没过好。——儒家说的是"未知生，焉知死""子不语怪力乱神"。

墨子仍然不依不饶地问孔子：你们儒家为什么要求父母死后，子女非得守孝三年？这简直就是浪费，浪费财力物力人力。——墨家主张"节葬短丧"，也就是节约葬礼的花费，缩短守丧的期限，他追求的是现实的功利，也追求极度的节俭。

孔子认真地看着墨子：你小时候父母带你三年，你才能出父母怀而独立行走，如今父母死了，让你守孝三年，这很过分吗？——儒家从柔而来，非常重视丧葬礼仪，他们重视人伦，认为守孝是对父母的感恩，是对生命无常的思考，是希望活着的人珍惜生命奋发有为。

除此之外，墨家还主张放弃音乐、美术等毫无实际用处的东西，他认为，音乐美术都是情感的产物，情感是最没有意义的，而且还会使人的行动受到限制，所以与情感有关的知识学问应该全部摈弃，人就要理性理智地活着。——有没有感觉在墨家的世界里，人就应该像一部日夜劳作的机器？

墨子以为人应该牺牲现在的一切享受，来求取未来的富庶功利，这种说法自然符合人作为一种生物的追求，但墨子似乎忽略了人不仅仅是一种生物，还是一种有情感需求的高级生物。更何况，人生究其实质，本来就是活在每一个当下。如果目前的每一个当下都要如此受苦，至于未来如何，真的还重要吗？今天都过不下去了，明天再美好，有什么用呢？

庄子在他的《天下篇》中曾经对当时流行的一些思潮逐一进行了点评，涉及墨家思想的，笔者直接翻译引用如下。——庄子距离墨子很近，对当时的情形应该是了解的，冯友兰也认为他的评价是很中肯的。

"……不以奢侈影响后世，不糜费万物，不炫耀礼法，用规矩自我勉励，以应付社会的危难，这是古代道术的内涵之一。墨翟、禽滑厘对这种道术很喜欢，但他们实行得太过分，局限性太大。提倡非乐，主张节用，生不作乐，死不服丧。墨子倡导博爱兼利而反对战争，主张和睦相处；又好学而渊博，不立异，不与先王相同，毁弃古代的礼乐。

黄帝有《大韶》之乐，尧有《大章》之乐……古代的丧礼，贵贱有仪法，上下有等级，天子的棺椁七层，诸侯五层，大夫三层，士两层。现在墨子独自主张生不歌乐，死不服丧，只用三寸厚的桐木棺而没有椁，作为标准。以此来教导人，恐怕不是爱人之道；自己去实行，实在是不爱惜自己。墨子的学说尽管是成立的，然而应该歌唱而不歌唱，应该哭泣而不哭泣，应该作乐而不作乐，这合乎人情常理吗？生前辛勤劳苦，死后简单薄葬，这种主张太苛刻了。使人忧劳，使人悲苦，实行起来是很困难的，恐怕不能够成为圣人之道，违反了天下人的心愿，天下人是不堪忍受的。墨子虽然自己能够做到，但对天下的人却无可奈何！背离了天下的人，也就远离了王道。

墨子称道说："从前禹治理洪水，疏浚江河而沟通四夷九州，大川三百，支流三千，小河无数。禹亲自持筐操铲劳作，汇合天下的河川，辛苦得连腿上的汗毛都磨光了，风里来雨里去，终于安定了天下。禹是大圣人，为了天下还如此劳苦。"使后世的墨者，多用兽皮粗布为衣，穿着木屐草鞋，白天黑夜都不休息，以自苦为准则，并说："不能这样，就不是禹之道，不足以称为墨者。"

墨翟、禽滑厘的用意是很好的，具体做法却太过分。这将使后世的墨者，以极端劳苦的方式互相竞进。这种做法乱国有余，治国不足。尽管如此，墨子还是真心爱天下的，这样的人实在是难以求得，即使辛苦得形容枯槁也不舍弃自己的主张，真是有才之士啊！"

冯友兰在他的《中国哲学史》中说，庄子"此批评可谓正当，墨学不行于后世，此或亦一故也"。但庄子在客观评价其理论主张的同时，还是肯定了墨子及其弟子在为人品性上的珍贵。

三 特别喜欢搞发明创造的墨子

墨子不仅会讲理论，还善于在实践中搞发明创造。我们先说他在军事技术方面的创造。

据《墨经》记载，墨子曾经发明过三种进攻武器，第一种是连弩车：作为一种城战武器，连弩车属于大型机械装备。使用时，需要将其放到城墙上，由十个人一起操作。连弩车一次射击可同时发射出六十支大弩箭和无数的小弩箭。其长为十尺的弩箭的箭尾用绳子系在辘轳上，在射击完成后可迅速卷起收回，这是连弩车最为巧妙的地方。

第二种是转射机，这种机器长六尺，可由两人操作，可环转发射弩箭，比连弩车轻巧灵活。

第三种是藉车，这种车的外面用铁皮包裹，其车身一部分埋在地下，由三人以上操控，主要用于投射炭火，用来防御敌人的攻击。

除了以上三种军事机械，据说墨子还能在顷刻之间将三寸之木削为可承受 300 公斤重的轴承，并利用杠杆原理研制成用于提水的桔槔以及用于生产的辘轳、滑车和云梯等。

墨子制作器械在当时是很有名的，有一个关于他和鲁班的故事流传甚广。

据历史记载，有一次楚国要攻打宋国，为了方便攻城墙，还专门从鲁国请来了公输班制造了云梯。在宋国任大夫的墨子听说后，立即从鲁国出发，走了十天十夜，鞋都走没了，就用破衣服裹一下脚。

赶到楚国之后，就赶紧找楚王好好谈了谈。他说，你们楚国地方广阔，宋国才一点点；楚国物产丰富，而宋国还比较贫困，何必去攻宋呢？不有点像一个富人去偷穷邻居一样可笑吗？

楚王回答说，对是对，但现在高级工程师公输班已经为寡人造好云梯了，一定要攻宋，没办法的。

墨子笑道，那不要紧，我就和公输先生演练一下，来一次沙盘演习。如果我输了，你们就继续攻打宋国吧。

楚王表示同意。

于是墨子解了衣带做成一个城池的模样，和公输班演习起攻守之策。公输班改变了九次攻城的战术，墨子都把他挡了回去。最后公输班的攻城器械都用完了，而墨子的守御办法还绰绰有余。

公输班说，我知道还有一个办法可以战胜你，可是我不说。

墨子也说，我知道你想用什么办法战胜我，但是我也不说。

楚王蒙了，你们都不说，我怎么说？

于是墨子说，公输班是想杀了我。可惜迟了，我的弟子早已拿着守城器械在宋国恭候您的大驾呢。

就这样，楚国放弃了攻打宋国，墨子保全了自己服务的国家。

当然，这一场化干戈为玉帛的故事也说明墨子和公输班都有相当丰富的几何知识。试想想，没有几何方面的认识，城墙的建造，距离、高低、土方等测量，器械的修造，又怎么可能呢？

除了保家卫国，制作兵器，《墨子》中还有很多数学方面的内容与现代数学观念一致。比如墨子对圆的定义："圆，一中同长也。"中，就是圆心。它和我们现在圆的定义是多么的一致！"方，柱隅四杂也"，墨子在这里所说的就是现在的矩形，四条直边、四个直角构成的图形。《墨子》中还提到了分割问题，把一个物体从中间分开弃去一半，从剩余的一半中再弃去一半，如此分割下去，最后剩下一个不能分割的"端"，也就是一个点。

除了数学，墨子和他的弟子还在物理学方面实现了很大的突破，比如说他们做了世界上最早的小孔成像实验，在当时就知道光是直线传播的；他还提出了粒子论的雏形，提出了端子的概念，指出端是不占空间的，是物体不可再细分的最小单元。由于墨子在光学领域的突出贡献，中国将全球首颗量子科学实验卫星命名为"墨子号"。

蔡元培先生曾说："先秦唯墨子颇治科学。"他不仅治，还治得相当有成绩，这对于一个贫苦出身的农民而言，真是一件伟大的事。

可以说，墨子是中国最早的工匠精神的践行者，引领者。有人说，工匠精神不只是技术问题，而是需要在所从事的行业中注入文化、态度、热情甚至对生命的理解。如果钻研不能带给钻研者愉悦，这种钻研是不可能持久进行的。

突然想起日本漫画家宫崎骏的作品《风起了》，其中的男主就是这样一位痴迷于制造飞机的技术钻研者，虽然他也为自己用心创作出来的飞机用于战场而深深矛盾，但做一架好飞机的热情和难以控制的愉悦感，却使他一直坚持。我们抛开战争这个不怎么令人愉悦的话题，《风起了》体现的也正是同墨子一样的工匠精神。

一个国家要发展，实业是根本，而制造业又是实业的核心，技术又绝对是制造业的命门。在平凡的工作实践中，凭着热情努力钻研，探索创造，这正是技术能够取得进步、制造业能够立于不败之地所需要的工匠精神！

即便墨家在思想上存在局限之处，那墨家在技术领域的研究贡献，却是其他诸子百家都无法比拟的。

儒家几千年间虽备受瞩目，作为儒家反面的墨家虽备受冷落，但这绝不代表墨家是毫无可取之处的，历史会慢慢地沉淀出关于墨家的全部真相，它不会是尽善尽美，但仍然饱含赤诚！

清代以后，研究墨家之风渐起，在历史的长河里沉睡了几千年的墨家又开始被叫醒，各种探寻研究，后人为什么又想到了墨家呢？墨家一片真心为他人、为国家的赤诚，是墨家自我要求严格甚至苛刻的磊落吧？

老 子

千古寂寞 >>>>

　　话说周武王建立周朝之后，各代天之骄子励精图治，西周的励志故事确实持续了很长时间，可是后来坏孩子周厉王、周幽王出现了。

　　周厉王残暴无良，凶狠如狼；周幽王整天色眯眯、咸猪手，在他们两人的"精心治理"下，西周元气大伤，少数民族赶来趁火打劫。没办法，不得不把首都向东迁移，这就是周朝的下半场：东周。

　　作为周朝下半场的东周苟延残喘，诸侯国一个个虎视眈眈，以前是分封的臣子，现在却跃跃欲试以下犯上，整个社会阶层发生巨大的变化，贵族政治日渐崩坏，历史演进到了春秋战国时期。

　　春秋是群雄争霸的开始，周朝倡导了几百年的礼制还有点残存的尊严，所以也还有那么点江湖道义，周天子还没被彻底扔到一边儿去。可是到了战国，那就是赤裸裸的你杀我我杀你，为了地盘你死我活了。从春秋到战国这一段混乱的时期，总共持续了550多年。

　　然而，正是在这段混乱的时光里，中国有许多思想家诞生了。

巧合的是，此时世界其他地方也诞生了诸多哲人——这时候在中国出生的老子比孔子大 20 岁，孔子比印度出生的释迦牟尼小 14 岁；孔子死后 10 年，古希腊的苏格拉底诞生；古希腊的亚里士多德比孟子大 12 岁，比庄子大 15 岁……真是一个群星闪耀的光辉时代！

有人称这个伟大的时代为"轴心时代"。

诡异的是，他们不仅同时诞生了，而且冥冥之中好像还做过分工，希腊哲学家主要负责考虑人和物的关系（人如何认知征服世界），印度哲学家主要考虑人和神的关系（人死后应该到哪里去），而中国哲学家考虑的是人和人的关系（主要思考如何过好这一生）。

说实话，轴心时代这个说法真的还是有点神秘的。这些高智商人物为什么突然一群一群出现，并且似乎提前还做好了分工？

也有人理性地认为，人类整体的发展史与人类个体的发育一样，其成长过程是具有某种相似性的——比如说人小的时候刚开始接触教育启蒙，就会有一小部分人，他们的智慧之光一下子就被点燃了。比如初唐就有王勃、卢照邻等四位这样的神童。以他们来类比的话，轴心时代的伟人其实就是人类启蒙期的神童。

如果初唐的神童不算奇迹，人类的神童也不能算。这样理解对吗？

在轴心时代全世界著名人物图中稳站 C 位的老子表示无所谓的，你们想怎么理解都成。

老子是个什么样的人呢？为什么他可以稳站 C 位？

一 老子之谜：历史上有几个老子

目前大家普遍认为，老子姓李名聃，是楚国苦县人（为什么会有这么苦的地名呀），生于春秋末期，是孔子的前辈。曾经跟随商容学习。20 岁的时候，他就开始担任周王朝图书馆的管理员。

一个喜欢看书的年轻人碰到一个书的宝藏，剩下的，除了进步进步，真不知道还能有什么？有时想象老子坐在一大堆藏书中废寝忘食的样子，就好像听到了黄瓜在夜间生长的声音。那种奇妙的声音，没有在夜深人静时躺在黄瓜架下面安静聆听的人是不会知道的，就像那些同样在图书馆工作却一直没有跟书做成朋友也没有成为老子的人一样。

老子的幸福时光过得飞快，转眼 16 年就这样平静安稳富有地过去了。

那一年，因为权贵排挤，老子不得已辞去管理员职务——真不明白一个图书管理员竟然也会被作为权贵斗争的砝码！可以想见那时候高层的政治斗争是有多激烈！没有了正式工作的老子游啊游，游到了鲁国。恭喜你答对了，就是孔子所在的鲁国！就是在这里，老子碰到了孔子。

当时的情形是这样的，老子为一个老朋友主持葬礼，估计就是主礼嘉宾那种，没想到主人家推荐的助葬人就是孔子！嗯，也就是说，孔子第一次见老子，是以助手的身份出现的——当然，那时候才 17 岁的孔子还没有去当大司寇。17 岁的孔子碰到了 37 岁的老子，不知道当时的天地有没有震动几下？不过抬眼望去，电光火石肯定是有的。

17 岁的天生高智商的孔子有可能不抓紧机会像老子这样的大家请教吗？

不可能！

对，这就是孔子第一次问礼于老子！

两个宇宙超级厉害的思想家之间的切磋，真想搬个小板凳乖乖坐在一个小角落唰唰地做笔记啊！

五年后，没想到另外一个权贵又喊老子回去做图书管理员。去不去呢？去！不是看权贵的面子，是看书的面子啊！

就在老子第二次入图书馆工作的这段时间，26 岁的孔子经过洛邑，再次问礼于老子！

遗憾的是，老子在此工作 10 年后，因为他负责管理的典籍被一位王子带去了楚国，然后他就被罢免了！由此可见，周王朝对于图书管理还真的是很严格啊！一个重视典籍文化的朝代应该好好延续下去的吧？

然而不是！

大时代的车轮已经轰然而来，在周王朝护佑之下日渐强大的诸侯国已经目露贪婪之光，以下犯上的行为从试探变成频发，有一种大厦将倾的感觉蔓延开来。

第二次离职的老子，在图书馆已经泡了 26 年。从天文地理到人类历史都已烂熟于心的老子，在礼崩乐坏的时代氛围中敏感思索的老子，安静地回到了自己的老家。无语，默然，做宇宙撒向天地间的一颗小棋子。

就在这段时间，51 岁的孔子第三次赶到老子身边，向他问礼。这时候的孔子正在属于自己的政治舞台上大展拳脚，估计跟老子请教的都是如何治理国家的施政问题吧。老子虽然没有真刀真枪做过业务工作，但是太阳之下没有新鲜事，他从书上看到的、理解到的、总结到的，已经是超越具体历史阶段的大道了。另一面的证据是，如果老子没有两把刷子，孔子这样年轻有为的青年才俊怎么会一再地去找他请教？51 岁的孔子从山东走到湖北，也是不容易呢！

公元前 485 年，86 岁的老子看着不断衰弱的、一直在走下坡路的周王室，他深知一切已难以挽回，于是带着平静的心情离开故土，骑青牛出函谷关，此后世人就再也没有见到他的踪影——这是不是顶级的那种哥已不在江湖很多年，江湖上仍流传着哥的传说？

好，小结一下：按常规的记载来看，老子比孔子大 20 岁，这一点似乎一直都是确认的。可是与高人老子相关的很多事情，只要你有胆往前走一步去细究，就会立刻进入一个扑朔迷离难分真假的混沌世界，让人忍不住直挠头皮……比如说：老子是不是真的比孔子大这件事，对啊，就是一个简单的年龄问题，就够让你喝一壶的。

好，我们假设老子真的比孔子大。如果是这样，那么《老子》一书应该更早，孔子在其晚年编撰的《春秋》则应该晚一些。那么问题来了，为什么一直说孔子是华夏历史上私人著述第一人而不是老子呢？

还有一个疑问是，如果《老子》更早，为什么汉以前从无道家之说？儒家、墨家在春秋时期同时盛行并曾以"孔墨"并称，到战国孟子之时，思想界出现了以孔子之学、墨子之学与杨朱之学鼎足三分的状态，孟子说过："杨朱墨翟之言盈天下，天下之言，不归杨，则归墨。"依然未见"道家"身影。但被划归为道教学派的杨朱在此时确实已经出现了。

冯友兰在《中国哲学史》中说，"老子之学，盖杨朱之学更近一层；庄子之学，则更进二层也。"意思很明确啊，老子是把杨朱的思想更进一层，庄子呢，是把老子的体系更进一层；你看，具体来说是这个样子的：

杨朱最著名的观点是"轻物重生"。在他眼里，生命是最可宝贵的，即便拔下一根腿毛以利天下，杨朱也坚决不肯干。但即便你自己不伤害自己，外界总有很多危险时时刻刻会伤害到你，怎么办呢？对此，杨朱的对付办法就只有一个"避"字。

老子却彻底打穿杨朱的说法，提出"吾所以有大患者，为吾有身。及吾无身，吾有何患"？——如果连身体都没有了，还害怕有什么伤害吗？

到庄子，则更进一步，提出"齐死生，同人我"，也就是说，不以害为害，害就真不能伤我。

照此，老子是将杨朱之学更进一层，也就是说老子还在战国时期的杨朱之后了？老子在战国，那么春秋时期的孔子自然比他大啊！

这是真的吗？

慢，且慢，我们去找找看还有没有别的证据。

西汉时，司马迁的父亲司马谈曾经说过一句话："道家使人精神专一，动合无形……其为术也，因阴阳之大顺，采儒墨之善，撮明法之要。"意思很清楚，道家有吸收儒家、墨家的长处。那么道家确实是在儒墨之后了？

等下，我们还是再来看一下道家第一次在思想界崭露锋芒是什么时候？

就历史的实际情况而言，黄老之术作为时代的主潮流，确实是在战国时期到汉初这段时间，它先是在战国之一的齐国大行，后来又被汉文帝、汉景帝重用为治国之术，更是因此创造了文景之治的良好局面。

综合以上线索看来，道家在儒家之后，似乎确实有很多证据啊！但是如果这是真的，那么更严重的问题来了：老子是战国时代生人，那么春秋时期的孔子当年问礼的那个周朝图书馆馆长老子到底是谁？历史上是否真的存在两个老子？我们试着到司马迁的《史记》中去寻找答案。

《史记》关于老子是这样记载的："老子者，楚苦县历乡曲仁里人也。名耳，字聃，姓李氏。"老子就是李耳，也就是老聃。看起来很确定，但后面的人物故事呢，却显得很不确定。"莫知其所终。或曰，老莱子，亦楚人也。"又出来了一个老莱子，老莱子是老子的别称吗？司马迁也显得很不确定。

老子、李耳、老莱子，还有老聃，到底是几个人？

刘汝霖先生在他的《周秦诸子考》中曾经说过，司马迁《史记》中关于老子的传记，其实首尾是历史，中间是神话。老子，也就是老聃，真像是一个神而戴了人的帽子，穿了人的鞋子。

刘汝霖先生和冯友兰先生的观点似乎是，老子就是老聃，也就是老莱子，老子其实是传说中的神，而李耳并不是老子。他是一个现实版的人，因为他以《老子》为教材教导弟子，是战国时代"老学"的首领。他自己又是个隐君子，为人低调奢华有内涵，不太愿意透露自己的姓名，于是人家以为他就是老子。他呢，也不做特别说明，所以以讹传讹。

那好，如果老子是传说中的神，《老子》也就是《道德经》到底是谁写的？孔子拜见的又是谁呢？

你如果去百度"老子",会看到这样一个传说:老子是彭祖的后裔,在商朝阳甲年,公神化气,老子寄胎于玄妙王之女理氏腹中。理氏在村头的河边洗衣服,忽见上游漂下一个黄澄澄的李子。理氏忙用树枝将这个拳头大小的黄李子捞了上来。到了中午,理氏又热又渴,便将这个李子吃了下去。从此,理氏怀了身孕。理氏怀了81年的胎,生下一个男孩。这男孩一生下就白眉白发,白白的大胡子。因此,理氏给他取的名字叫"老子"。老子生下来就会说话,他指着院子中的一棵李子树,说:"李就是我的姓。"——哎呀呀这传说,真是像模像样的呀!

感觉好迷惘,感觉迷失在了历史的长河里……

还有人说,老子是神不是人,又有人说,他其实是道的总称,他曾经幻化成无数形状来到人间:世界太初之后,又有太始时代、太素时代、混沌时代。混沌之时,始有山川。老君(就是传说中的老子)下为师,教示混沌,以治天下七十二劫。

……

太连之后,伏羲诞生,由此中国历史上开始了三皇五帝的传说。此时老君下为师,号无化子,一名郁华子,教示伏羲推旧法,演阴阳,正八方,定八卦,作《元阳经》以教。

自伏羲时为郁华子以后,老君在时间的演进中也产生了种种化身:神农时为九灵老子,祝融时为广寿子,黄帝时为广成子……尧时为务成子,舜时为尹寿子,夏禹时为真行子,殷汤时为锡则子,文王时为文邑先生,一云守藏史。或云在越为范蠡,在齐为鸱夷子,在吴为陶朱公……

感觉老子好忙啊！不仅不同的时代化身为不同的人，有时还可以分身为不同的人！

按照这一种说法，也就是说，老子曾经化身为人在周朝图书馆工作的那段时间，那时候遇到了前来请教的孔子。并在化身这一世的结尾之时，留下了《老子》这本书。

那么是不是在战国时代，他又化身为李耳，用自己前世创作的《道德经》来教化弟子？

信息量太大，感觉已经深度迷失……

二 老学之谜：老子的学问真的有人懂吗

如果关于老子本人的信息这么成谜，不如我们绕过这个主题，直接去关注老学本身吧！

但是老学，顾名思义也就是老子的学问，是不是像他的人生一样扑朔迷离深不可测？如果是这样，天地之间真的能有人搞明白然后加以应用吗？老子在无边的寂寞中感叹的那句"吾言甚易知，甚易行。而天下莫能知，莫能行"真的会成为定论吗？

我们先来梳理一下老学的历史脉络。

第一阶段之战国时代：在没有更切实的证据之前，我们暂且假设《老子》这本书是战国时代经李耳广为传播，和黄帝的很多治国之术发生了链接，于是有了黄老之术。黄老之术在齐国得以重用，一时风头无两。

第二阶段之西汉初年：秦灭六国之后以法家为重，因过于严苛迅速灭亡。汉朝继之，汉初仍采用黄老之术，休养生息，得有文景之治。

第三阶段之东汉初年：汉明帝时《老子圣母碑》中认为老子就是"道"："老子者，道也。乃生于无形之先，起于太初之前。"——来自官方的认可。

第四阶段之东汉末年：汉武帝时，开始独尊儒术，黄老之术后退。到东汉末年，张道陵创立道教，以老子为先祖，以《道德经》为道教宗旨，后老子更幻化为道教中的三清之神——道德天尊。

假设这个历史脉络是可以说得通的，有几个疑问需要解决：

1. 战国时代得到重用的黄老之术是指黄帝和老子的治理之术，那么黄帝和老子的这两种理论真的存在某个契合点吗？为什么战国时期的齐国以及后来的汉初会重用黄老之术？黄老之术的核心理念是什么？

2. 老学的核心内容是什么？

3. 张道陵为什么以《道德经》为道教宗旨，以老子为道德天尊？道教的核心要义是什么？道教和老学到底又是个啥关系？

感觉每一个问题都深似海！感觉要进入一片神奇的领域！哎，和老子有关的事情怎么都这么复杂呢？

来来来，我们睁大眼睛挑重点的说。

先来整明白第一个问题：什么是黄老之术？为什么会在齐国以及汉初得到重用？

黄就是黄帝，老就是老子。黄帝当年真的留下了什么治世绝学？然后和后来的《老子》结合起来成为一种治国之术了吗？

非也。

黄老之术至少在春秋时还未见提及，最初这种理论得到重用是在战国初年的齐国——田氏伐齐之后。

是这样的，西周初年，周王封吕尚于齐地建立了齐国。可是春秋末年，吕氏政权被来自陈国的田氏所取代，从此，齐国的主人从姜姓变成了田氏。史称田氏代齐。

田氏政权是取代姜氏而成立的新政权，于是特别需要对自己的合理性进行辩护。于是，他们首先找到了老学。为什么呢？因为老子也是陈国人，而田氏的祖先也是来自陈国。于是，老乡见老乡，两眼泪汪汪，田氏政权首先选择了来自南方陈国的老子学说。

另外，为了让自己更具合法性，他们又抬出了比尧、舜、禹、神农更早的黄帝——抬出黄帝可以压倒推崇周朝的儒家以及推崇夏朝的墨家；同时，齐威王还不辞辛劳，绕了九百九十九道弯想办法把黄帝认作了田氏的始祖。这样一来，田氏是黄帝的后裔，而姜氏是炎帝的后裔。传说中有黄帝战胜炎帝而有天下，现实版有黄帝的后裔田氏代替炎帝的后裔姜氏而得天下。好了，如此傲娇高配的合法性，就这么找到了！

俗话说世上怕就怕认真二字，田齐这么用心琢磨，接下来黄老之学的丰富也就是顺理成章的事了。

黄老之术的核心内容是什么呢？说简单点，田齐下了这么大功夫难道就是为了道家的无为吗？不可能的。说到底，黄老之术就是披着道家无为之外衣的极具"攻击力"的无不为之术。所以郭沫若说，"黄老之术……事实上是培植于齐、发育于齐，而昌盛于齐的。"

可以说，当黄老之术从老子出发，带着初始的无穷的攻击力直奔"无不为"而去的时候，庄子所代表的另一拨人却从这里出发，

"欲绝去礼学，兼弃仁义"，直奔纯粹的"无为"而去。

老学从这里分作两路，一路是以君王南面之术为核心的黄老之术；一路是以成全自我为核心的无为状态。

到汉朝初年，天下刚定，社会亟需休养生息、宽容以待，薄太后和窦太后又都喜好黄老之术，汉文帝和汉景帝也都采用黄老之术治理国家。说白了，也就是以道家清静无为做皮，以积极的南面之术治理国家而已——与后来外儒内法的统治模式是有相近之处的。

接下来回答第二个问题，关于老学。

老子是个圣人，其实也是个千古寂寞的老人。为什么这么说呢？因为人人都敬慕他，却很少有人懂他。他知道这个。所以他说，吾言甚易知，甚易行。而天下莫能知，莫能行。

说这句话的时候，老子的心该是多么的寂寞啊！

奇怪的是，懂老子的人这么少，为什么涵盖了他思想大纲的《道德经》的销量却如此之大？这可能因为他是中国有史以来，第一个试图把内含天地人的宇宙讲清楚的人（孔子可能是第一个试图把人这一辈子讲清楚的人）。尽管对现在的许多人而言，仍然不清不楚。

担着"第一"这个名头，老子到底说清了什么呢？

《老子》的内容太深刻丰富而又庞大，在此仅试着举两个小例以做引。

第一个例子：老子关于道的阐释。

《老子》第二十五章：

　　有物混成，先天地生。寂兮寥兮，独立而不改，周行而不殆，可以为天地母。

吾不知其名，强字之曰道；强为之名曰大。大曰逝，逝曰远，远曰反。

故道大，天大，地大，人亦大。域中有四大，而人居其一焉。人法地，地法天，天法道，道法自然。

这章老子其实是在讲一个关于道的故事，但这又不是一个普通的故事。普通故事都有长有短；而且无论长短都会有个像样的结局。而这个道的故事，却没头没尾。就是说既没有肇始的因，也没有可期望的最终的果。

或许这是因为作为故事主角的道，本身既是宇宙万物的因，又是今日以及未来所有的果？

本章第一段，老子这样引来"道"：

有物混成，先天地生。寂兮寥兮，独立而不改，周行而不殆，可以为天地母。

翻译成白话或者就是：有一种构成玄妙的特殊存在，没有人知道它从何时生，又从何处来。但是，最低限度在天地生成之前，它就已经在混沌浩渺之中游弋了。无边的深渊里寂无声响，辽阔的空际中渺无一物，只有这似有似无的独特存在孤独地潜行着，它有规律地循环周游从不止歇，大概正是它创造了天地。

我们最大的迷惑可能是，老子如何能知道先天地之前便有这独特的存在？恐怕这正是圣哲不同于我们常人之处吧，其思想境界之深邃玄妙也正在于此。

接下来老子又说道："吾不知其名，强字之曰道。强为之名曰大。大曰逝，逝曰远，远曰反。"

意思可能是说，这个创造了并且似乎一直统驭着天地人的独立存在，我们之前并不知道应该怎样称呼它。现在，我暂且将其称之为道，并将它的显著特征描述为大。

一般规律而言，一个物体出生，当提供能量的速度大于该物消耗能量的速度时，这个物体就会生长变大。但物极必反，大到一定程度之后它就会开始衰弱，像我们每一个人、每一种动植物一样，这就是"大曰逝"。当衰弱超过某个度时，这个物就会彻底解体、远离——所以说："逝曰远"；很久很久以后，这些解体的物必然又会重新组合，生出新的事物——即"远曰反"。

这个大的规律应该是适用于所有事物的，而这些事物又由于其各自的秉性不同，所以又被限定在各自的因果序列圈内。于是老子最后又总结说："故道大，天大，地大，人亦大。域中有四大，而人居其一焉。人法地，地法天，天法道，道法自然。"意思就是说，世界就是这样一个链，处于最高端的是大道，接下来分别是天、地、人，它们分别按照自己所处的位置、依赖于上一端的法则而运行，是不是有点像人吃羊肉、羊吃草这样的食物链一样？

除了道之外，接下来就是天，天是直接秉承大道的意志而产生的，所以天法道。——这个天其实就是宇宙。

天下来就是地，尽管大地肯定也得秉承大道的意志而生，但作为宇宙中的一颗星，地球首先隶属于天。但大地的特殊性又使得它具有自身相对的独立性，所以结果是，地与天合作而衍生万物。但我们经常说，地上的动物都要靠天吃饭；而且在天与地的关系中，天处在链条的前端，所以天具有更加重要的地位，所以地必须法天。

最后是生活在土地上的人，人是天和地运行中合作的产物，虽然也是遵循道的规律而生的，但人首先生活在大地之上，所以必须先遵从大地的规律，这就是人法地。

天、地、人都找到了自己的领导，那么居于链条最前端的道，它的领导是谁呢？是自然！这个自然就是自然而然的自然，就是顺其自然的自然，就是所有肉眼可见的不可见的有极的无极的所有。

第二个例子，老子关于"道"运动规律的阐释：

> 反者，道之动。弱者，道之用。天下万物生于有，有生于无。

这句话直白解释就是：天下的道理基本一样，多数事物的内部都有正反两面，而事物总是向相反方向运动变化，这正是受道的规律的驱使。所以，老子说："反者，道之动。"

同时，世上大多事物内部，也并存着强硬与柔弱的两面。然而，唯有柔弱能够持久，更符合道的品性，所以，老子又说："弱者，道之用！"

世上所有存在的独立事物，都有其出处或来源。比如有母鸡才有鸡蛋并孵化出小鸡；又比如先有地表水气的升腾，在空中凝结，最后才能产生倾盆大雨或霏霏霰雪。所以，老子又总结说："天下万物生于有。"

但是，这些"有"又是从哪里来的呢？其实，我们所说的"有"，只是我们的眼耳鼻舌身所能感觉到的存在，而人的感觉能力是有限的，譬如光谱之外的光，我们便看不见。凡感觉阈值之外的一切，我们都感觉不到。通常，我们把这些定义为"无"——而正是这些所谓的无，才是天下万有的源头。所以，老子最后判断说："有生于无！"

然而，理解至此，便是读懂了《老子》这一章的内容了吗？

非也。我们只理解了一半。

老子说的反者道之动是指物极必反，是道运动的规律。也就是说，万事万物，在任何时刻任何地点，必然在正反两极中的某点行进。

小孩一天天长大，天真的成分越来越少，成熟的成分越来越多；人慢慢地衰老，距离生的起点越来越远，距离死亡终点越来越近。但人的一生，都必然是在生与死连线上的某个点。

而"弱者，道之用"，其深意可能在于"用弱"——所谓用弱，可能是指顺势而为，是因地制宜，是因时制宜。用弱与用强相对应，用强是逆势而为，是没有看明白情势在趋势图中的位置和走向，一意孤行。

再进一步说，用弱可能还有"惜用"的意思，说白了就是省着点用——省着点用，必能用得更久。说到一国之政，如果皇帝处处考虑民意，爱惜体恤百姓，不随便驱使，这个国家必能安稳持久。

何谓"弱者，道之用"？或许，这就是！

接下来要深挖的是"天下万物生于有，有生于无"。

万物生成的方式，其实有两种：一是衍生，二是创造。所谓衍生，就是生于有，比如说爸爸和妈妈生了可爱的宝宝；小树上开出了漂亮的花；这是我们常常经历，肉眼感知的。而创造的方式，正是"有生于无"的一种活动。——可能就是我们所说的无中生有。

创造，也就是"有生于无"这件事，往往是一种无先例可鉴的复杂活动。如果我们以"有"在创造性活动中所参与的比例来划分，可能是：从"已有"生"鲜有"，到"略无"生"有"，一直至以"无"生"有"，溯至无极。

譬如，天地创造了万物，形川谷以盈木兽，汇溪河以容虾蟹，成海天以得鲸鹏。可是谁创造了天地？天地是本来就有的吗？不，一定还有创造天地之物，那是什么呢？人类估计不会知道。老子认为，那可能是无极。

所以，或者可以这样说：道于无极处，生了无极；无极又于无极处，生了众无；众无有后，名叫大无；大无又生了数不清的无，其中之一生了天地；天地又生了万物，万物便构成了人所感觉到的有。

所以，"有生于无"。

……

老子的核心思想就是"道"，人不仅要认识道，还要依照道的趋势来行动，如水向低处流，如人必将衰老。理解这些道，才能使人不执，不执才能释然，释然才能平和，平和才能心静，心静又会让身体健康延缓衰老。

老子的思想深刻丰富，等待大家继续去体会发掘。

好了好了，终于到最后一个问题啦（幸亏是最后的问题啊，否则我的脑细胞真的就跑不赢了）：关于道教与道家的关系问题。

其实老子生前是最厌恶名利的，没想到，身后他却被张道陵拉去做了道教的神；甚至死后两千多年，自己不仅成了中国的名人，而且还活成了世界级的名人。

然而事情已然发生了，老子也就睁只眼闭只眼，随你们去！

道教是怎么回事呢？

发起于东汉末年的道教，其创始人张道陵作为西汉名臣张良传说中的八世孙，深深体悟到《道德经》中玄而又玄的道，发现养生之道，发现人生至美原在山林之间。——可以说，道教的核心要义的确是从《道德经》中体会到的，但他只拿出这一点，然后认真地、全心全意去实践，构成了道教的全部世界。

但他不宣传，不像任何别的宗教那样以施福的名义四处宣扬，他只是在悬壶济世的过程中，以医载道，接纳一些走近的弟子。他安静地在那里做自己的事，你来了，噢，欢迎。你不来，嗯，也好。——道教一开始就秉承着顺其自然去发展的道家理念，这或许是道教未能抵御佛教扩展的深层原因？

那么道教是怎么发展的呢？——以医载道，十道九医。

道教创立者张道陵，因为医术了得，治好了当时正盛行的瘟疫而获得很多民众的追随，于是慢慢地，一种真正意义上的宗教由此产生。

为何道士大多都精通医学？

十大洞天、三十六小洞天、七十二福地，道教在山水间发现了至美之所；向内静心，打坐静修，在打坐这一肢体保持完全静默的状态中打通心里经络，道教在静中找到了生命的真谛；太极拳八卦掌，勤加练习以打通身体经络，道教在动中找到了养生的法宝。他与靠死后才能到达理想之所的佛教截然不同，他相信在今世今地就可成仙，超脱凡俗，不必待来世。其理想境界既然在现世就可能达到，自然务求多争取一些光阴，直到练成神仙就地飞升。

道教想要长生不老，但生老病死的规律他懂，教主老子就是研究这个的。剩下唯一能做的便是尽量地延年益寿。可是延年益寿追求到极致，还是变成了对于长生久视的奢望。如何才能长生久视？居住在天地有大美而不言的群山之中的他们开始遍寻仙草。天上人间，他们相信总有一款适合自己。

遍尝百草，医术因此精进不少，然而仙草仍是未得。之后，淬炼仙丹之风起，传说张道陵在江西龙虎山炼成仙丹，可惜现实中没有一个成功的例子，很多皇帝吃了辛苦炼来的仙丹还中了丹毒提早驾鹤归去。

接下来该怎么办？

道教的重要派别全真派提出修炼内丹，他们认为人体内自有大药，人们要做的便是以此为据，炼成内丹，藏于丹田。此内丹炼成之后，便可助人延年益寿甚至长生不老。从修炼内丹进而提出性命双修，命乃肉体，性乃精神，有道教大家将性命双修比喻为灯与油的关系，命如油，性如灯。要想灯长亮必须油充足，仅有油而无灯也是枉然。性命双修的阶段性成果，便是明心见性。其终极追求，便是识道，道德经的"道"，宇宙大道的"道"。

从仙草到仙丹，再到内丹，这是道教不懈追求长生久视一路走过的足迹，虽然长生不老未得，但医术、冶炼术等副业却由此有了广阔的开拓，为中国医学、化学作出了大贡献。

向内求索，追求内在超越：

一个人，立于寂静的山崖之上，眼望苍天，呼吸云气，参道悟道。

一个人，坐于寂静的洞天之中，双手叠放，闭眼关心，参道悟道。

他们，谁能真的悟道？

道教以《道德经》为经典，《道德经》又是千人千面，无既定之释。每一个人的解读也都只是纯个人的体验，所以说，道教本来就是个人的、向内的，很有些只可意会不可言传的味道。就像国人推崇的最高境界的审美，意在言外，美在字里行间，在这种境界里，美是一种氛围、一种气味，分明就在那里，可要真说出来，却往往是羚羊挂角无迹可寻。

道教所尊崇的这种审美意象，有点像宋代官窑瓷器，它是一种自然之美、素雅之美，如宋代哥窑的开片以及宋建盏的万千变化，那些自然裂变的惊世纹理，透出自然之力的鬼斧神工，虽然自然之力的背后是技师们日复一日的苦苦钻研，但最终还是靠自然成全出来，宋人要的就是这种基于人力基础上的天然成全。用有名的收藏家马未都的话说：看似平淡的宋瓷其实藏得很深，它收敛、温厚、宁静、含蓄，注重精神至上，强调的是一种内心感受，它看似简单，其实暗藏哲理，正是此处有大美而不言！这几句品评宋瓷的话正可以用来形容道教，静坐也是静坐了，太极也是勤加修炼了，但最终谁能悟道还是看天赋、看机缘、看蕴藏在生命中的自然之力。一个个道士就像一起入窑的泥胎，谁能登峰谁又能造极，最后全靠的是自然之力，全靠因缘际遇。机缘到了，看上去虽然也还是素雅普通的一尊，其实已是天壤之别。只因其一路的历练藏得太深，懂的人自然就少。但它不急不慢,它素雅、宁静,安于一方,千年万年之中,等你去走近,等你来体会,静等有缘人。

东晋时,它等来了葛洪,虽然他在北回归线上的罗浮山修炼,与道教的发起地江西龙虎山相隔了千里,但这个知己是交定了的。葛洪自号抱朴子,医术了得,一生悬壶济世,也接纳甚多随众,包括他自己的妻子鲍姑。两人在罗浮山上共同清修,体悟山川河流之秀,维护肉体凡胎之健,欲求心境超脱悟道成仙之美。葛洪著有《抱朴子》,书中讲解各种养生之道,其《肘后备急方》尽数搜罗各种简单易行的治病良方,只需备一本在衣袖之中,急时取出参照便可。

它很快又等来了家贫无依的黄大仙,据说他吃了老师葛洪炼就的仙丹而飞升得道,对凡人所求有求必应、灵验非常,直到现在仍然香火鼎盛。

它等来了孙思邈,身为御医的他力劝唐太宗取缔炼丹之术,可惜英明一世的唐太宗却因迷恋长生不老而终于不肯,51岁时服用丹药而死亡。明主已去,孙思邈失望之余至终南山隐居。信奉道教之静修,专心医药之术,101岁仙逝。

它等来了诗仙李白,"天子呼来不上船,自称臣是酒中仙"。成仙得道本就是道教的终极追求,"仙乐满囊,道书盈箧"便是他离开长安时的样子。

它等来了袁天罡和李淳风,二人通晓天地之道后合著奇书《推背图》,竟预言了1300多年后的抗日战争及最终结果。

它等来了教主道君皇帝宋徽宗,中国历史上艺术修养最深厚、审美情趣最高雅的皇帝。

它等来了丘处机，他一路西行劝谏成吉思汗，因说兵不嗜杀而免去万千生灵涂炭，康熙皇帝亦赞他一言而救苍生，"始知济世有奇方"。

它等来了自号大痴道人的黄公望，以一幅《富春山居图》而传世，因信奉道教的他追求超凡脱俗而使得画作意境高远，所谓景随人迁、人随景移，深受后人喜欢甚至不惜烧毁画作以殉葬。真是爱到成伤！

虽说道教是个体的、内化的、无法言说的，正如天地有大美而不言，但它还是在历史长长的古道上等到了他们，他们一个个翩然而来，虽然终于翩然而去，但毕竟留下了很多。

它从不强求多，只求一知己！有时候等得太久，它也不气馁，还是自顾自发展，自顾自迷恋，迷恋在中国最美的山水之间，与鸟兽为伴，与天地之精神相往来。但求今生高雅脱俗、精神愉悦，能长些便再长些，不问来世之永生。

正是在这烟雨空蒙之中，一任岁月流转，几千年弹指一挥间。

道教是国人在心中留给自己的一条小路，可以说，道教从道家理念中取材而走出了一条宗教的路，虽然在那条路上它也根据自己的需要种上了自己喜欢的花花草草，但毕竟根在道家。道家思想也不仅仅是老子的还有庄子的、杨朱的，但道教采纳的基本是老子的。

三 来自老学的道教大概处在哪个段位

如果将道教放在整个中国历史的长河中来看，它这个彻底由汉族文化哺育起来的、以老子学说为其经典的宗教，大概处于一个什么样的审美水平？中国历史本身有没有这么一段，是完全汉人化的历史？这段历史和别段历史比对，有没有比较突出的表现？

回望中国历史，秦是第一次大统一，但统一的时间太短。到汉朝，才是真正意义上的大统一，不管是雄浑、庄严的西汉还是俊雅、疏放的东汉，其核心都是一个跨地域、多文化的交融体；经过三国魏晋南北朝的分裂期，到隋唐再次统一，尤其是唐朝这段历史，也是绝对地跨文明、跨地域，它是华夏文明的一次更大的融合；后来五代十国再到宋朝，到宋朝，才在中国近三千年的历史上第一次出现了政治版图与文明版图合而为一的状态，也就是汉民族以汉民族的文化、汉民族的思想来治理汉民族的国家，这种高度吻合的状态，就像目前北欧的小国寡民，一下子丰盛起来。像是少了包袱的运动健将，一跑就是一个冠军。陈寅恪研究中国历史后总结说：宋朝是中国历史登峰造极之时。

文学艺术是这个登峰造极中不可或缺的一部分。这个一流的水准，以宋徽宗为代表，苏轼是华彩的乐章。可以说，以汉文化为特征的宋朝可能代表了华夏文明的最高境界，他们自信满满，相信文化的力量。他们不崇尚武力，后来却因此而遭靖康之耻。从北宋而到南宋，南宋虽然版图缩小，但文明却一路承袭下来，直到元朝夺去最后一块南宋的土地。（元朝蒙古人统一中国，自然应算华夏文明的大倒退，这一退就是几百年。）政治上倒下的宋朝，其实就文明层面而言它还是赢得了最后的胜利。比如宋朝的字画、瓷器、制度、宋词等，其艺术水准都是一流的，到现在为止，中国没有哪个朝代可以超越。

比对完历史，我们再来看道教。道教的历史虽然并不能完全与中国历史相参照，但发端于汉文明、成长于汉人之中的道教，其温厚、宁静、含蓄的精神质地与宋人最为接近，这样的道教是不是也具有宋朝一样的魅力？在所有宗教之中，是不是最终只有尊崇自然、不争不抢的道教会赢得最后的胜利？就像宋朝的文艺之美取得了大胜利一样？

突然想起那句话：我不和谁争，谁和我争我都不屑。我用双手烤着艺术之火，如今火萎了，我也该走了。

如果有一天道教真的要没落了，那我们也只有无能为力。因为道教一开始就不是用来推广的，它是用心来感受的。我想起《小王子》中的一句话：世界上最珍贵的东西，都是用心感受到的。

最后，我只能告诉人们说，在繁华的外相背后很远的地方，有座山，山上有个老者，他在静静地等你！不管多久，他都等你！

你知道那里有条路就好，什么时候靠近，全在你自己！

庄 子

逍遥游 »»»

要理解庄子这个大家眼中的奇人，首先要了解庄子所处的那个时代。

庄子所处的是个什么样的时代呢？可以说，那是一个天地巨变的大时代，延续了上千年的贵族政治彻底崩坏，从前的家臣成了主子，从前的主子成了破落户；商人阶层兴起，几乎总揽了社会财富，像吕不韦这样的赵国商人竟可以拿稀世珍品轻松贿赂秦国国君的爱妃；土地政策方面，商鞅在秦国大力破坏井田制，奖励军功，个体的人慢慢变成了国家战争的机器。有了成千上万的机器，战争打得就更像话了，功利思想更严重了，社会更混乱了。

出生在这个时代的庄子，不愿同流合污的庄子，高高地站在人群之上。他明白，这样的人生困境必须突围，关于生死、关于名利、关于爱与色，关于放不下的尘世间的一切。

世人都晓神仙好，唯有功名忘不了！古今将相在何方？荒冢一堆草没了。

世人都晓神仙好，只有金银忘不了！终朝只恨聚无多，及到多时眼闭了。

世人都晓神仙好，只有娇妻忘不了！君生日日说恩情，君死又随人去了。

世人都晓神仙好，只有儿孙忘不了！痴心父母古来多，孝顺儿孙谁见了？

庄子那时候想要突围的一切，到两千年后清朝曹雪芹笔下，仍有绝大部分的人沉迷其中，无法突围——从这个对比可以大致估测庄子的智慧程度！

想要突围的庄子有没有可能突围成功呢？

有！

楚文化新奇叛逆的底色给了他最好的精神基因，杨朱、老子的思索给了他最好的引领借鉴，而庄子自己内心的痛苦则给这种突围注入了强大的动力。——结论是，庄子想突围，庄子也有突围的能力！后来的事实也证明，他突围成功了！

他突围的路径就藏在他的著作里，他也曾一遍遍说，但是不懂的人始终不懂，不想懂的人始终也不会懂，古今想懂而又能弄懂的人没多少，所以到现在人们都还在研究庄子。庄子如果知道，肯定会深感疑惑，该说的我都说了啊，我 360 度无死角说了呀，为什么你们一直还在围城之外转悠找不到入口？

这有点像佛经，佛经是已经悟道的人从各个角度尝试说明那条悟道的路径，他打这个比方你不明白，他于是换一种比喻，你还是不明白。佛经很多，因为他们一直在换一个角度努力说明。可是如果你的根底是智慧的，你本来就懂，那你其实是不需要读佛经的。佛经好比船，如果你会凌波微步，可以一秒之内实现位移，还需要坐船吗？就像不识字的六祖慧能，他照样能立地悟道。说明什么？

说明读不读佛经跟悟不悟道没有必然关系。

结论是，其实你只要能像庄子一样彻底放下尘世间的一切外物，你也能和他一样实现突围，实现像他一样的绝对的自由，对，逍遥游。但两千五百年后的人们像两千年前的人一样，还是放不下。所以我们还是来研究庄子，就像不断宣扬的佛经，絮絮叨叨告诉你那里真的有条路可以通向幸福的终极，你有空了就试试吧。

❶ 庄子的自我突围之路

突围从来都不是易事，尤其是对那时候还手提肩挑、未能放下的庄子。

庄子其实和我们一样，一生下来就要哇哇哭着找东西吃，长大后他也跟我们一样，在政府部门做了个小小的公务员，他还娶了妻有了家，过着和我们一样柴米油盐酱醋茶的平淡日子。

可是为什么走着走着，他就离队了呢？这一切都是怎么发生的？我们追随他的足迹去寻访当年那个和我们一样的迷茫青年吧。

有记载表明，庄子本来是出生在人的智商普遍偏低的宋国。但是，如果庄子是生在宋国的一个普通人家的孩子，为什么他有机会接受那么多高等级的教育呢？如果他的老家就在宋国，他为什么老在自己的文章里嘲笑宋国人可怜的智商呢？

其实南宋的时候就有人说过："庄氏，楚庄王之后，以谥为姓。六国有庄周。"怪不得呢，楚威王要出重金派人到宋国请庄周出山治理楚国然后庄子还各种高傲拒绝；家里那么贫穷却还可以和诸侯将相平起平坐！好，如果这一切都是真的，那么问题来了，楚国王族之后的庄子，为什么会出生在宋国？

有研究者认为，这其实跟庄子先祖的一次政治避难有关，缘起是庄子出生之前20年，楚悼王任用吴起变法，这次变法损害了一些贵族的权益，所以楚悼王刚死，贵族们就群起而攻杀吴起。走投无路的吴起跑到楚王的灵堂，扑倒在楚悼王的尸体之上。贵族用箭射死吴起的同时，也射中了楚王的尸体。这种大不敬的行为之后被认真清算，有七十多家贵族被处死或受惩罚。庄子的家族可能就在其中。

为了避祸，庄子的父辈迁徙到了临近的宋国，之后庄子就是在这里降生的。虽然身在宋国，但身为贵族之后的庄子一家似乎不太瞧得起当地的宋人，所以庄子经常在自己的文章里对他们是各种嘲讽。换句话说，其实就是有国难归又水土不服的那种。

在宋国长大、受着高等教育、瞧不起宋人的庄子，还"曾为漆园吏"，也就是说，他还曾在宋国蒙地的漆园里做过一个小官。这到底是个什么官呢？一直有两种解释：一种说法认为漆园是个古地名（也就是现在安徽省蒙城县漆园），庄子曾在此地做官；另一种说法认为庄子曾在蒙邑当官，主管漆事。

油漆这事即便很重要，也很不环保。具有精神洁癖的庄子怎么受得了？

没错，受不了。他很快就离职自我领悟去了。

领悟的路程很艰难，庄子大概经历了这么几个台阶。

欢乐偶尔有，痛苦肯定是持续而浓烈的——这是庄子精神世界的第一个台阶。

庄子有一位知己叫惠子，他的欢乐和痛苦很多都跟他有关。比如说这一天，他们两个人手拉手去春游。

庄子与惠子游于濠梁之上。庄子曰："鯈鱼出游从容，是鱼之乐也。"惠子曰："子非鱼，安知鱼之乐？"庄子曰："子非我，安知我不知鱼之乐？"惠子曰："我非子，固不知子矣；子固非鱼也，子之不知鱼之乐，全矣！"庄子曰："请循其本。子曰'汝安知鱼乐'云者，既已知吾知之而问我。我知之濠上也。"

多么愉快的画面啊！文学艺术专业毕业的庄子和社会科学专业毕业的惠子手拉手走在那乡间的小路上，开心的庄子觉得水里的鱼儿也开心。可是惠子却不解风情，怼庄子说，你又不是鱼，怎么知道鱼是开心的？

庄子也来劲了，你不是我，你怎么知道我不知道鱼是快乐的？

惠子继续较真，我不是你，当然不知道你的感受；可是你也不是鱼，所以你也不知道鱼的感受啊。

庄子循循善诱：你刚才说"你怎么知道鱼很欢乐"，说明你已经知道我知道鱼的欢乐，所以才来问我啊。而且我现在告诉你，我是从桥上看到并且知道的。

一个是力辩一个是巧辩，一个在求真一个在尚美，一个是理科生一个是文科生……

可是不管怎么说，这种高智商的辩论真是挺有趣的，这种级别的朋友也真是很难得——这大概是庄子从满是战争的现实生活中体会到的少有的欢乐吧。

但现实给予他的，更多的是痛苦。除了战争、白骨，还有……往下看：

惠子相梁，庄子往见之。或谓惠子曰："庄子来，欲代子相。"于是惠子恐，搜于国中三日三夜。庄子往见之，曰："南方有鸟，其名为鹓鶵，子知之乎？夫鹓鶵发于南海而飞于北海，非梧桐不止，非练实不食，非醴泉不饮。于是鸱得腐鼠，鹓鶵过之，仰而视之曰：'吓！'今子欲以子之梁国而吓我邪？"

本来呢，庄子的好朋友惠子做了国相，庄子也非常高兴，就跑去找他愉快地聊天。没想到惠子听了小人的话，以为庄子要来抢他的位子，就进行了各种防范甚至在全城展开地毯式搜捕。

庄子觉得真是好笑啊，就自己上门去跟惠子讲了一个这样的故事：南方有一种凤凰，这种鸟从南海出发，一路向北，乘风扶摇，累了只在梧桐树上休息，饿了只吃干净的食物；渴了呢，只饮用甜美的山泉。路途中有只猫头鹰抓了一只腐烂的死老鼠，正停在树枝上准备大吃一顿，看见凤凰飞过就很担心人家来抢啊，于是拼命喊叫拉响警笛。

总结一句：你是怕我这只凤凰来抢魏国国相这只死老鼠吗？——庄子表面上是在讽刺好朋友，而且完胜。其实他的内心该有多凄凉啊？连唯一的好朋友以后也不能手拉手看夕阳，肩并肩数鱼儿了！

庄子这样说真不是虚伪，《史记》里面说：有一次楚威王听说庄周是个人才，就让人拿了一千斤黄金去请他，承诺让他做丞相。可是庄子呢，根本看不上，他对楚国的使者说：这么多的黄金，确实是重礼；丞相这个位子，也确实是很尊贵了，可是你难道看不见那些用来祭祀的牛吗？你们精心地养育它们，给它们穿的衣服都是刺绣过的，可是要杀它们祭祀祖先的时候呢？即便那时候它们只想做一头孤独的小猪，难道还有机会吗？你赶快走吧，不要来玷污我。我宁可在粗鄙的山野间自娱自乐，也不愿意被那些拥有国家的人所羁绊。

那么这样的庄子在山野间到底悟到了什么呢？

从外部世界的痛苦中抽身，退回到自己内心的城堡之中。——这是庄子精神世界的第二个台阶。

外面的世界太混乱太不堪太令人痛苦了。所以庄子的灵魂往前走了一步：在这个台阶上，庄子希望忘记自己肉身的快乐和痛苦，仅凭一颗心去遨游天际，感受万物，了然宇宙。正如《逍遥游》中的那只大鹏一样，"抟扶摇而上者九万里"。人间天上四海八荒，顷刻即到，随兴而至。——这不是逃避，是不肯与乱世和解。

这样活着是不是很美？

美是美，但也没那么容易。因为肉身感受到的痛苦时时刻刻都在提醒他，这仍然是人世间，是赤裸裸的只为利往来的战国时代！

于是庄子继续往前，来到了下一个境界。

活成一棵树，不求生不求死，一切顺其自然——庄子精神世界的第三个台阶。

心灵的感受很美很重要，但肉身总难忘记现实生活的痛苦（比如饥饿、病痛）。那么可以抛弃肉身吗？

不行。

因为心灵传回来的信息是要靠肉身来接收的，肉身就像基站，没有基站，再好再美的信号谁来接收？谁来体会？更不要说精神遨游一圈，最终还是要回来的。——就像孙悟空，他的精神脱离肉体的时候，总要交代八戒和沙师弟照看好自己的肉身。

所以生命是很宝贵的。——如果没有肉身而能感受到心灵传递的信号那就完美了，可惜做不到。

那到底怎么办呢？

那就干脆连自我意识都彻底消解掉，将自己完全彻底地融于宇宙自然之中。把自己活成一棵树，不求福不避祸，不求生不避死，不思考不感受，一切顺其自然。

据说孔子的弟子颜回也曾悟出"坐忘"的意境，老师问他何谓坐忘？他回答说："堕肢体，黜聪明，离形去知，同于大通，此谓坐忘。"这样决绝的"坐忘"其实就是庄子《齐物论》中所说的"形如槁木，心如死灰"。——人与世界的对抗和解了，一切内在和外在的束缚瞬间解除了，绝对的自由实现了，庄子期盼的逍遥游实现了！

以上三个台阶是庄子追求自我解脱的辛苦旅程，也是他的哲学体系不断进步的过程。

如果说孔子是研究人这一生的，老子是研究天地人之间关系的，那么庄子就是延续老子的思想体系，研究人如何与天地合二为一的。是不是可以这样理解？

庄子在连续的思考过程中慢慢完善了自己独立的思想体系，但是为什么人们一直将他和老子联系在一起以"老庄"合称呢？庄子的思想和老子的思想有什么相同和不同呢？

二 老子和庄子真的亲如一家吗

庄子生于老子之后，他独尊老子、不喜儒墨是真的，但也并不觉得自己就是老子的继承者。那么"老庄"这个用了很久的合称是从什么时候开始的呢？到底从什么时候开始，他们就被这样亲密地安排在了一起此后一直没有分开呢？

历史记载显示，"老庄"并称，其实是晚到晋朝时期的嵇康才开始的，据说嵇康在提起道家的时候，总喜欢将他二人合在一起说，所以后世就慢慢用起来，成了定势。

老子和庄子的不同其实有很多，简单说两点：

庄子思想其实是老子思想的更进一步。老子曾注意到先后、雌雄、荣辱等之间的分别，也因为知道过于坚硬则容易损毁、过于锐利则容易受挫，因而用心探求不毁不挫的办法。但这些在庄子这里，则全部都不值得注意。庄子是"外死生，无始终"的。

在老子那篇文章中我们说过，黄老之学盛行于战国时期的齐国，后来在西汉初年又得以重用，其中还是有很多切实可用的治理国家之方法的；但庄子之学则在汉末才开始流行起来。历史记载可以看到，西汉之前很多人为《老子》做注解，却很少有人提到庄子，而真正为《庄子》做注解，实际是到晋朝才开始的。说明老子和庄子的思想体系确有不同，其适用的时代也不同。好，如果我们说老子是老子，庄子是庄子，两人观点不同，那么嵇康为什么又要把他们放在一起说呢？后人又为什么接受了这种合称而一直沿用呢？很简单，说明他们的思想体系其实还是有共同点的。——为什么我觉得自己一直在说车轱辘话？

同具楚人精神，叛逆而奇诡。——老子和庄子很可能是老乡啊！

老子是楚人，庄子虽然是宋人，但也有一种说法认为庄子本来就是楚国公族，还是春秋五霸之一的楚庄王的后裔，只是因为战乱迁移到了宋国。好吧，不管哪种情况，反正宋国距离楚国很近，庄子和老子一样，从小都是受楚国文化的影响。

楚国文化是怎样一番情景呢？

我们在屈原那篇文章中说过，楚文化虽然来源于北方文化，但由于长久的离散、又加之受当地少数民族文化的影响，几乎已经远离中原文化而变为深具南方特色的独立文化了。

春秋五霸之一的齐桓公伐楚，虽然没有开打，却给了楚国以极大的震慑，使得楚国很久没有敢再动往北开拓地盘的心思。孔子为此很崇拜齐桓公，感谢他保住了中原文化，否则，孔子说，我们就要像楚人一样，披散着头发，把一只胳膊露在外面，在大街上走路了。

楚文化确实蛮荒一些，但从另一方面来说，他们远在南方，不管是地理上、还是政治上，都不必受周朝的约束呀。天高皇帝远感觉说的就是他们，他们是野蛮生长的，崇尚自由的，率真淳朴的，对政治都不太感冒的。就这样，原生的、自由的、新奇叛逆的思想者一个个出现了，老子、庄子、屈原都是其中的杰出代表。

还有本质的一点，老子和庄子对于"道"这一核心概念的理解是相同的。

在老子眼中，道就是天下母，是天地万物之所以生的总原理。

所谓"道生一，一生二，二生三，三生万物"。又说"人法地，地法天，天法道，道法自然"。那么庄子眼中的"道"是什么样子的呢？

庄子说："寂寞无形，变化无常，死与？生与？天地并与？神明往与？茫乎何之？忽乎何适？万物毕罗，莫足以归。古之道术有在于是者，庄周闻其风而悦之。"意思就是说，寂寞无形，变化无常，死死生生，与天地并存，与神明同往！茫然何往，忽然何去，包罗万物，不知归属，这是古代道术的内涵。庄子对这种道术很喜欢啊！——庄周认可的这个"道"的内容和老子所认为的"道"的内涵基本是相同的。

"道"作为道家的核心内容，在这一点上的认同，为后人将两人并称打下了坚实的基础。

三 去听庄子与儒家代表们的精彩对话啊

"老庄"合称有其理由，老庄思想共同构成道家体系渊源已久，那么庄子的思想与儒家思想又有什么异同吗？

冯友兰说：庄子对于传统的思想制度，皆持反对态度。他"剿剥儒墨"而"独尊老聃"。剿剥就是攻击、批驳的意思，也就是说，庄子是不喜欢儒家、墨家思想的。但是也有人说，庄子其实是很赞同孔子的，康有为甚至还说庄子是继承儒家思想的重要人物。

到底哪个是真的？庄子和儒家的观点到底是近还是远？同还是异？

按照《史记》的说法，庄子所处的年代似乎与孟子同时，但是奇怪的是庄子批驳儒家却从未曾提及孟子，而孟子呢，批判杨朱和墨家，也从未提及庄子，是否可以由此推出一个结论：庄子、孟子虽处于同时代却一南一北，并不认识？

他们当初不认识不重要，重要的是他们的思想观点都通过自己的文章保留了下来，几千年以后，我们来设计一场儒道之间的辩论让他们互相认识一下，也便于大家理解儒道的不同。

活动主题：儒道辩论赛

第一轮：儒道辩论之生死问题。

庄子先发言：死亡吗，就像出生一样，它不过是人生的一个自然阶段，就像吃了饭就得上厕所，生了就得死。我不会像儒家那样哭哭啼啼悲悲戚戚，你是不想让人死么？这不是违反自然法则吗？我懵懂无知的时候也很悲伤来着，后来懂了，就不再悲伤了，西方有位哲学家叫斯宾诺莎，他给这件事起了个名称叫"以理化情"，我深以为然，请问儒家兄弟，你们为何要悲伤自寻烦恼啊？

孔子感慨了一声，接着发言道：庄子老弟，我呢，说两个意思：一，你大概没有深切地爱过别人，如果爱过，你该体会，情到深处，原本是无理可化的啊；二，我们悲伤亲人死去，不是哭着想让他不死，而是一种感情的延续而已，我们举办隆重的葬礼，不是呼唤他回来，而是用这种仪式纪念他的一生，是让活着的人明白死亡的意义，从而更加珍惜生的价值。

孟子这时候也站起来道：我补充一下，我们儒家说的不是不承认死亡的自然性。人生了必然有一天会死，这个是没有问题的。我关注的问题是要怎么死？人的生命只有一次，不容枉死。不知道庄子先生看到没？如今的社会是什么样的环境？老百姓流离失所、食不果腹，还要天天被拉去打仗，战争对生命的损害太大了，我们要想办法救民于水火才行啊！苍生的生命难道不值得悲悯么？所以庄子先生，不是死亡的问题，而是该不该就这样死的问题！

哎呀，感觉每一个人都说得好有道理有没有？

第二轮：儒道辩论之为人处世。

孔子首先发言：我主张仁者爱人，不管碰到啥事，要推己及人，己所不欲勿施于人，己所欲，亦施于人。如果每个人都能这么想这么做，尤其是每一个杀人越货的人在行动时如果能想想对方以及对方亲人的感受，估计犯罪率会下降 N 多啊。

道家代表庄子接话了：我问师叔，鱼处水则生，人处水则死，对否？若依你意，人不要水，然后推己及人，把鱼的水也撤了，那鱼怎么办？死翘翘啦！所以说推己及人是不靠谱的呀，人只有自由发挥其天赋时才能感到快乐，他喜欢瘦的，你若给他吃肥的，他就不高兴吗。总的来说，每一个人最终都过着与他的能力天赋相匹配的生活，这样最合适，他也最开心，你非要改变他，把自己喜欢的塞给他，这难道是仁吗？我看是残忍。

哇咔咔，那到底要不要推己及人啊？

第三轮：儒道辩论之天地人的关系。

山东选手孟子积极发言：

我曾说过，吾善养吾浩然之气。所谓浩然之气，就是人与天地宇宙融为一体的气概，每个人，只要不断培养自己的智慧，不断用善行来积累自己的人生，到最后，都能培养出浩然之气，忘记个人，与宇宙一体。

这时儒家的另外一位选手荀子突然站了起来，"恕我不能同意孟师兄的观点，天地人是构成宇宙的三种力量，天管刮风下雨打雷闪电，地管万物生长，人管群居秩序讲究行为准则。天地人本该各司其职，三不相干，人干吗要管天的事，要以天的眼光来行事？"说完，荀子打揖就座。

孟子………孟子竟然无法接话啊！

庄子笑了：呵呵，同为儒家，观点竟如此相左乎？不过我要感谢孟兄，你我观点竟有巧合之处，实属难得呀。在我看来，一个人只有拥有了宇宙观，才能获得至乐，至静。本来，宇宙中的万事万物皆有其存在的意义，不能局限在某一点上去看，我们应跳出这个圆，站在圆心看圆上的每一个点，这样你就能看得更加清楚。还有一层意思是，比如你有很多珍宝，当然，人生最最珍贵的不就是生命吗，你老怕人偷你的命，那你要把它藏在哪里别人才不能偷取呢？我告诉你，藏在宇宙里，因为当你与宇宙一体的时候，他即使把你偷走了，也找不着地方藏啊！（庄子你太有才啦！）所以到最后，泛爱万物，天地一体，这才是终极追求。

可以说，儒家与道家在很多问题上的观点是很不同的，但也许正是它们互相矛盾又互相补充，才共同构成了华夏民族的性格底色。

四 哲学家庄子其实也是个文学家哦

庄子的思想体系很奇诡，他的文风也是不走寻常路，其语言灵活多变、想象力又极为丰富，上天入地、四海八荒，极具浪漫主义色彩。虽然是哲学著作，文学性却很强，他的作品也因此被人称之为"文学的哲学，哲学的文学"。

举例欣赏一下：《逍遥游》片段。

> 故夫知效一官，行比一乡，德合一君，而徵一国者，其自视也，亦若此矣。而宋荣子犹然笑之。且举世而誉之而不加劝，举世而非之而不加沮，定乎内外之分，辩乎荣辱之境，斯已矣。彼其于世，未数数然也。虽然，犹有未树也。

意思是说，灌木林的那只鷃雀使我联想起社会上某些人：这些人，论到才智，他们可以办好一件公务；论到声誉，他们可以叫响一个地区；论到品德，他们可以侍候一位君主；论到手腕，他们可以受聘于一个邦国。这些人确实有点小能耐，自我感觉也相当良好，算是活得够有意思的了。但是，宋国的荣先生仍然要笑他们的浅薄。荣先生是厉害人，为人处世全凭自己的意志见解，不受外界影响。哪怕全世界都来赞美他，他也不会倍感欣慰；哪怕全世界都指责他，他也不感到伤心。在他眼里，我是我，你是你；我心是我心，外物是外物，内外有别，界限分明。然而荣先生也还是有缺点，比如他为啥要笑那些人呢？其实说到底，每一个人都只是过着与自己能力相适应的生活而已啊，人各有性，人各有命，如此而已。

……

> 若夫乘天地之正，而御六气之辩，以游无穷者，彼且恶乎待哉！故曰：至人无己，神人无功，圣人无名。

若有人能洞察宇宙万物的本质，摸清了大自然的规律，掌握了天地间的阴气、阳气、风气、雨气、晦气、明气这六气的变化，并利用六气获得无穷的生命力，那么他还需要等待什么呢？这样的人，就本体而言，他就已经是至人，是遗忘了自身肉体的至人。就功用而言，他就是神人，不需要功名的神人。就声名而言，他是圣人，消亡了称号的圣人。

......

遗忘自己的肉体，遗忘当世功名，遗忘后世声名，完全与自然合一，天人合一，不求福不避祸，不求生不惧死，把自己活成一棵树。这可能就是庄子眼中的解脱之道。——其实，《逍遥游》就是庄子版的《离骚》，一段求索心灵皈依的旅程。

庄子的文章写得洋洋洒洒，有人总结为"意出尘外，怪生笔端"，绝对的浪漫主义的鼻祖。把如此深奥的哲学和浪漫主义的文学结合得这么美妙，真诚地给庄子他老人家点赞！

郭沫若说，秦汉以来的每一部中国文学史，差不多大半是在他的影响之下发展的：以思想家而兼文章家的人，在中国古代哲人中，实在是绝无仅有。

鲁迅先生也这样点评过："其文汪洋捭阖，仪态万方，晚周诸子之作，莫能先也。"

庄子思想之后记

虽然晋以前几乎无人关注庄子，但是金子总会发光的，这句话真是真理。

到唐朝的时候，庄子已经获得了中央高层的绝对认可，因为他曾隐居南华山而被唐玄宗封为南华真人。

北宋的王安石、明朝的大才子徐渭，都对庄子各种称道。

其实真正了悟庄子思想的人，反倒很难说出他的好，因为你若站在他的思维通道里，就会发现，一切都是如此的自然而然，并没有什么值得歌颂的。就像你走进一片密林，跟着太阳行走，终于找到了溪水一样。庄子在心的密林之中突围，依着内心那束光，也就是那个本我的感觉行走，然后找到了另一个自己，欣喜怡然，如此而已。

关键在哪里呢？那个入口很小，你想进去，得先放下手里拿的、肩上扛的、背上背的、心里存的。

你能吗？

品中国古代文人

秦汉

吕不韦

屈原

……

吕不韦和李斯

繁华尽头是萧索 »»»

在如狂风暴雨一般短暂又凶猛的秦朝，有两个风云人物不得不提，他们就是秦朝的第一任丞相吕不韦和第二任丞相李斯。他们之间的交集其实不算多，但仅有的一点却很关键。那时候已经权倾天下的吕不韦也想像战国四公子一样招揽门客，做点大事。长途跋涉来到他门前的书生李斯很自然地归到了他门下，李斯低调不奢华有内涵，吕不韦便放心地安插他到秦王身边服务。李斯抓住了秦王这棵根正苗红的大树，攀援着努力成长，开出了自己绚烂的花。

一个商人，一个书生；一个富甲一方，一个渴望功名；一个从赵国贿赂到了秦国，一个从楚国寻找到了秦国。他们一生的经历颇为不同，但最终却殊途同归；他们都曾以自己的方式达到人生的顶峰，但最后都是以悲剧谢幕！吕不韦被赐毒酒而死，李斯被腰斩于咸阳街头。那一刻，吕不韦想拉着赵姬的手，就我们两个人自由自在地活着，多好！那一天，李斯好想拉着自家的小黄狗到城门外的乡野间散散步，那样就好！

他们沿着人生的年轮辛苦辗转、深谋远虑又挖空心思转了好大一个圈，即发现起点的风景最美。如果真的有一部时光机，他们在最后那一天，真的愿意按下返回键吗？

人生是一条单行道，但这并不妨碍我们和他们一起去回忆，去假设……

❶ 吕不韦：一生辛苦筹谋，换来一杯御赐毒酒

没有吕不韦就没有秦始皇。这句话对不对？我个人觉得是对的，吕不韦对嬴政本人的影响绝对是深刻的；对秦统一六国的贡献也可以说是巨大的。

我们先用三个片段来展示下吕不韦的传奇一生。

奇货可居—— 一个商人的政治眼光。

赵国国际贸易商人吕不韦——算不算那个时代的红顶商人我们不敢说，但非常富有这事确实是真的。因为富，他拥有了当时赵国最漂亮的舞女赵姬——别小看这个女人，因为她就是嬴政的妈！

一手数着金银，一手抱着美女，这个妥妥的富一代还是觉得有点空。空在哪里呢？他也说不清。直到有一天，他碰到了在赵国做质子的、秦王的儿子异人。他立马决定改变只会赚钱的人生方向，朝着政治权力迈出关键性的一步。异人这个奇货真的可居，为此吕不韦隆重出面、大使钱财结交异人并相约助他当上秦王以后共享天下。——这是吕不韦传奇人生的真正起点。

借腹生子——一个著名的历史谜团。

异人不仅想要王位，还想要吕不韦的美人赵姬。为了大计，吕不韦忍痛把赵姬送给了异人。但是赵姬是怀着吕不韦的孩子到了异人身边，还是到了异人身边才怀上了孩子？这个就真的是历史谜团

了。司马迁在《史记》中认为，这个孩子是吕不韦的。有一版《吕不韦传奇》的电视剧处理得很精妙，赵姬一天之内分别与异人和吕不韦发生了不可言说之事，所以连她自己也说不清嬴政到底是谁的儿子。

当妈的都说不清，这天下还有谁能说清？

所以，到底是吕不韦借异人妻子的腹来生自己的儿子，还是异人借吕不韦宠妾的腹来生了秦国的王子？恐怕没人知道了。

一杯毒酒——一个不像样却早已注定的结局。

有句话说得好，女人比男人强，至少她生的孩子肯定是她自己的。

吕不韦是个男的，所以他并不知道政儿是不是他自己的。但他一直以为是，所以他想尽办法辛苦周旋，让当时秦王最宠爱的、却没有自己亲生儿子的华阳夫人认了异人做儿子。顺理成章的，年迈的异人的老爸死后，异人就做了秦王。第二次顺理成章的，异人死后，嬴政就做了秦王。

嬴政还小，吕不韦做了政儿的仲父，做了秦国的丞相，负责管理整个秦国。

仲父是丞相，妈妈是太后，儿子是秦王，这个国家简直就是他们一家三口的！

也就是异人死后到嬴政亲自执掌朝政之前这些年，吕不韦真是春风得意啊。他是早已想好要名垂青史的，所以学习战国时期平原君、信陵君等人的做法，养了很多门客，编撰了一部有名的《吕氏春秋》——以道家学说为中心线，融会贯通春秋战国时期诸子百家的思想，积极为秦统一天下以后的治理寻找一个思想体系。——他的眼光真是长远的，如果秦始皇后来真的能以道家无为的思想来治理天下，恐怕秦朝就不会那么短命吧？

青春期的政儿叛逆得要命，动不动就跟吕不韦大吵。关于他出身的闲言闲语也越来越多，政儿表示很不开心——如果血脉不正，那他就做不了秦王啊，这可是很严重的事情！

后来嬴政就拿嫪毐的事情做由头。和吕不韦真正有感情的爱人赵姬一个人在后宫，空虚寂寞冷，忙碌的吕丞相又不能、也不方便天天陪着，所以就为赵姬找了一个叫嫪毐的人贴身伺候着。没想到的是，嫪毐竟然和赵姬生了儿子，不仅如此，嫪毐还异想天开想要发动政变让自己的儿子当秦国的国君！嬴政是那么好惹的吗？他一下子就怒了！立即派兵绞杀了嫪毐，还亲手摔死了那个私生子！因为嫪毐是吕不韦献给赵姬的，所以嬴政就以此为理由，罢免了吕丞相的一切职务。但后来想想还是不太放心，于是送去了一杯毒酒……

吕不韦可能至死都以为，政儿是自己的骨肉。被自己的儿子毒死，这是什么样的感受？

从富甲一方的商人到权倾天下的丞相，从运筹帷幄的年轻爸爸到被儿子御赐毒酒的衰老父亲，吕不韦一生的传奇故事真的很精彩也无数次被后人津津乐道。但他更大的闪光点其实在于他的思想，比如他对于宇宙天地的认知，对于国家未来治理模式的精心规划，对于"物物而不物于物"的珍贵总结……还有他耗尽心力组织编撰的《吕氏春秋》。

世间万物都按天地大道运行，这是吕不韦的思想，也是《吕氏春秋》的中心要旨。

吕不韦对天地宇宙的认知是：上有天，下有地，天地就是规矩。他深信君主只要按照天地的准则治理国家，就能国泰民安；个体按照这个准则生活，就能顺利绵延。《吕氏春秋》中有一段难能可贵的话说："天下，非一人之天下也，天下之天下也。阴阳之和，不长一类；甘露时雨，不私一物；万民之主，不阿一人。""天无私覆也，地无私载也，日月无私烛也，四时无私行也。行其德而万物得遂长焉。"——天下是天下人的天下，不是谁一个人的天下，天地之间的雨露空气、寒凉暑热，对全天下的生物都是一模一样的，天地对万物都是绝对公允的。作为万民的君主，也应该像天地一样无私公允。

以道家思想为大方向，以儒家思想为内动力，吕不韦可能是最早将儒道思想结合于一体的人。

吕不韦不仅搞懂了道家思想，而且对道家思想做了建设性地发展：他不仅要求人应该顺应自然，更要求人以自觉的能动性去发挥和创造。吕不韦说，要顺应天地法则去做事、去创造，但不要胡乱蛮干瞎折腾。是创造还是折腾，标准是什么呢？吕不韦认为还是自然法则。

那么什么是自然法则呢？他举了个例子说：水生来就很清澈，但是你总往里面扔土，水就混浊了。人生来就是长寿的，可是为了物欲不断损耗自己的精神，所以就长寿不了了。世间万物本来就是为人服务的，而不是人搭上自己的命来争取的。

为方便理解，给大家举个简单的例子：假如说有一天你突然有钱了，突然心动跑去买了一辆超级跑车兰博基尼，可你舍不得开啊，为什么呢？贵啊！晚上连觉都睡不着，一会儿就要出去看一眼，不怕贼偷就怕贼惦记；好不容易开了一次，哎呀还给撞了，心碎了一地啊！担心忧虑、痛心后悔这些负面情绪每分钟都在损害你珍贵的健康。——这其实就是物为人服务还是人为物服务的问题。其实吕不韦在那么早就想明白的事，现在有多少人能想明白？

吕不韦接着说：现在大多数人还是以命养物，分不清孰轻孰重。不知轻重，就势必会不断作出错误的决定，错误多了，哪有不失败的？国君如此，就是背离正道；臣子如此，就是迷乱失常；儿子如此，就是狂妄忤逆。三者只要出现一个，国家就快要完蛋啦！

二 说实话《吕氏春秋》还是挺厉害啊

作为中国历史上第一部有组织按计划编写的《吕氏春秋》，主编吕不韦先生野心很大，他要以此书"备天地万物古今之事"——说白了，就是这本书要包罗万象，以天地为纵轴，以古今为横轴，凡是这个坐标轴内的一切事，这本书都要涉及。正因为如此，许多古代的遗文佚事都靠它得以保存。比如杨朱、惠施、公孙龙等人的著作早已失传，但在《吕氏春秋》中却找到了一些宝贵的有关他们的资料，为后人的研究提供了翔实的材料。

不仅思想境界很深，主编吕不韦对文学表现的要求也很高，皇皇著作《吕氏春秋》在文学领域的创新很多。比如说在说理的过程中不小心创作了很多好玩的寓言故事、成语故事，丰富了后来我们语文老师的试卷。刻舟求剑的故事中国人都知道吧？循表夜涉的故事也都听过吧？据统计，书中的寓言故事大概有二百多则。其中一大部分是从中国古代的神话、传说发展而来，还有一部分是作者根据需要自己创造出来的，在中国寓言史上具有相当重要的地位。

吕不韦是想好了要做一件大事的，他有资源有人力也有思想，《吕氏春秋》共计一百六十篇文章，从做人做事到治理国家，正论、反论、夹叙夹议、口若悬河，总之一句话，不服？嗯，说到你服为止。

作为吕不韦门客的李斯也深度参与了此项编著活动，为他后来写那篇有名的《谏逐客书》打下了功底。——从这个侧面来说，吕不韦建议的以道家为表、儒家为里的治理模式虽然后来没有被嬴政采用，却还是借他的门客李斯之手，改变了中国历史的进程！因为李斯这个人是他举荐给秦王的。可惜李斯后来走的是法家严苛的路线，如果李斯采用的是他建议的治理模式，秦朝的命运会不会更长久？

当然，吕不韦除了很有思想，在辅佐异人和嬴政那些年，大权独揽的他其实是为秦国做了很多实事的，也只是因为他的卓越铺垫，成年的嬴政掌权后才能那么顺利灭掉六国。

比如废除用头颅记录战功授予爵位的形式，减少统一的阻力。自从商鞅变法以来，秦国推崇军功爵制，在战场上士兵战斗力越来越强，堪称虎狼之师。吕不韦当政前，秦国在长平之战时，一战坑杀赵军 40 万左右，惹得赵国全体对秦国死战不休，邯郸之围打了几年，换了两次将领，自身还损失惨重。吕不韦吸取教训，要求"不虐五谷，不掘坟墓，不伐树木，不烧积聚，不焚室屋，不取六畜"，不要破坏要保护，这样秦国才能获得更多的资源——商人的思维果然不同！

比如秦王理政三年的时候，秦国发生了一场大饥荒，连年干旱，再加上蝗虫漫天，死去的百姓、动物导致瘟疫横行，极大影响了秦国内部的稳定。而当时的秦始皇年仅 16 岁，为了救治灾害，吕不韦就必须要有钱有粮有人才行，如果单靠政府，显然是不行的。什么人手里有钱呢？商人。什么人手里有粮呢？地主。但吕不韦知道这群人都是平日里享福惯了，缺乏去战场建功立业的勇气，又渴望拥有爵位。但是秦法规定以军功才能升爵，正常情况下他们哪怕再有财富，社会地位也不会太高，爵位便成了他们最渴望的东西。于是，吕不韦下令：百姓纳粟千石，拜爵一级。政令一出，富商、地主纷纷出钱、出粮，问题解决了。

除此之外，吕不韦当政期间，还率兵四处征战，为秦国占领了大片土地，也为秦始皇灭六国打了一个漂亮的前站。

可惜如此富有才华胆识的一个人，竟然没有一个好的结果。

三 李斯：又想当丞相又想遛狗玩

李斯的人生故事是怎么样的呢？我们通过四个段落去了解一下。

李斯的老鼠哲学——要做就做米仓的老鼠。

这个故事是司马迁在《史记·李斯列传》中记载的：有一次，李斯看到正在厕所里吃屎的老鼠，听到人或者狗的声音，立即害怕得逃走；但是米仓的老鼠，一只只吃得又大又肥还没人打扰，不用担惊受怕还没事谈个恋爱生一堆孩子。李斯就感慨，唉，人就像老鼠一样啊，要做就做米仓的老鼠！

有了和米仓老鼠一样的远大志向，李斯远远地跑到齐国找到荀子求学，荀子的思想很接近法家的主张，重点在研究如何治理国家，即所谓的"帝王之术"。——李斯这段时间的知识储备以及价值观的形成是很重要的，决定了他日后的很多作为，也决定了秦朝甚至是中国几千年帝国制度的走向。

一点点赢得嬴政的信任。

李斯原是楚国人，后拜师荀子学习帝王之术，刚好吕不韦广收门客，非常爱才，虽然李斯当时没什么名声，但是吕不韦非常欣赏长路漫漫赶来投奔的李斯，留下他做了舍人。

经过长久的相处，吕不韦发现李斯年轻有为，于是给了他一个小官让他做。吕不韦为了控制年幼的嬴政，便安排舍人到嬴政身边，刚好给了李斯一个机会。李斯抓住了这个机会，他为嬴政出谋划策，取得了嬴政的认可和信任。

李斯正图谋发展，嬴政正年轻有为，这两人就像干柴碰上了烈火。在一起就要好好干一番事业，一番天大的事业。

很快，嬴政除掉了吕不韦，在文友李斯武友魏缭的帮助下，各种反间计、谍中谍，甩开膀子加油干，一个一个灭六国。第一个目标就是韩国。

韩国有点怕，以派郑国专门人才到秦国援建水渠为由，其实就是潜伏卧底加人力牵制。东方各国会心一笑，也纷纷派间谍来到秦国做宾客。群臣们发觉了，就对秦王说，各国来秦国的人，都是卧底啊。大王您赶紧下令驱逐他们吧。秦王很生气，后果很严重，一道逐客令，多少回归客，包括外国人李斯。

李斯不想走啊，说好的风里雨里我都陪着你的。于是他就给秦王写了一封信，劝秦王不要逐客，这就是有名的《谏逐客书》。总之就是各种理由证据、历史的借鉴，结果就是嬴政果断地采纳了李斯的建议，立马取消了逐客令。

秦灭六国之后，是李斯建议将全国分为三十六郡，郡以下为县。郡县制从此在秦以后的帝制社会里一直沿用了近两千年。除此之外，李斯还向秦始皇上了三道重要的奏折：一是统一货币，二是统一度量衡，三是统一小篆为官方文字。

平时脾气很不好的秦始皇却异乎寻常地每样都听了，真是"秦始皇出世，李斯相之，天崩地坼，掀翻一个世界"。——像这样的蓝颜知己，一生能有几个？难得的是，他们却互相碰上了，互相成全了。

大秦帝国真是开天辟地，而每一样重要制度的设计，都离不开李斯。丞相做到这份上，你数数中国历史上有几个？

秦始皇对李斯的贡献十分赞赏，与他的关系非常密切，甚至结为儿女亲家！就李斯而言，经过自己的奋斗已经完全超额实现了功名富贵，可是他没有及时收手。

有一年，他的长子回到咸阳，李斯举行盛大家宴，"门前车骑以千数"。面对如此盛大豪华的场面，李斯发出了真诚的感慨。他说：我是富贵荣华到了极点。然而事物发展到极点就要开始衰落，我还不知道归宿在何方啊！

其实，这时已经60多岁的李斯若是真的聪明，告老还乡才是明智的选择。可惜的是，他和吕不韦一样，没有把人生之路走正、走好，贪恋富贵，结果晚节不保，葬送前程！

真不该这样对待韩非子。

李斯和韩非子都师承荀子，李斯从荀子那里学习了"帝王之术"后，对天下大势进行了客观的比较分析，然后选择了野心勃勃的秦国，并创造性地结合秦国的实际情况，对学到的帝王之术进行了改造，结果效果不错，他自己也很快就加官晋爵了。

而此时他的同门师弟韩非子也满怀治国的热情，创法家学派，名扬天下，但是他的几次谏言并没有得到昏庸的韩王重视。没有用武之地的韩非子看到秦始皇正在四处搜罗良臣谋士，想着自己的同窗李斯也在秦国混得如鱼得水，可以和李斯一起，帮助秦始皇一统天下，自己的才能也有地方施展。

韩非子虽然口吃，但是写文章很好，这点连写过《谏逐客书》的李斯都自愧不如，韩非子的思想言论被秦王看到后，秦王也是大为赏识。李斯害怕自己的地位不保，十分嫉妒韩非子，于是想办法挑唆秦始皇将韩非子下狱，在等待审问期间，李斯就送去了毒药逼韩非子自杀。韩非子想要进谏秦始皇而不得。虽然后来秦始皇后悔关押了韩非子，可是为时已晚，韩非子已经死在狱中。

心胸狭窄的大老鼠啊，你想要一直独享粮仓，这可能吗？

沙丘之变，于公于私，他是不是只能这样选？

49 岁本来还正当年的秦始皇却在那一次巡游到沙丘的过程中，突然病死了。

接下来是温文尔雅信奉儒家思想的大儿子扶苏继位，还是人事不知的胡亥继位？秦始皇有心立扶苏，可是和胡亥亲密的赵高不这么想。他希望联手李斯，伪造遗嘱，让胡亥继位。

这时候，李斯就面临两个选择。——可能改变中国历史进程的选择。

支持扶苏上台吗？可是扶苏和蒙恬蒙毅兄弟关系亲密，如果扶苏上台，傻子都知道，李斯是肯定不能继续当丞相了，这位置肯定非蒙恬蒙毅莫属。退休后的自己，命运该当如何呢？

以前那些从秦国丞相位置退下来的客卿们，都是什么下场呢？秦孝公死后，商鞅跑路，最后被五马分尸；秦惠文王死后，张仪跑路到魏国幸得不死；秦始皇亲政后丞相吕不韦被毒杀……李斯不敢想下去了。

更何况作为法家集大成者和代言人的李斯，和亲近儒士的扶苏，政治思想完全冲突，水火难容。那么自己和嬴政辛苦经营的这一切，是不是都要推倒重来了？他于公于私，怎么可能支持扶苏？

只剩一个选择：胡亥。

胡亥当国，或许自己还有得一搏。

于是李斯与赵高同谋，害死了扶苏，胡亥继位。可惜第二年，一生聪明的李斯在政治斗争中输给了更凶残更不要脸的赵高。那一天，他被腰斩于咸阳闹市，并夷三族。——他死前最后的愿望是：牵黄犬出东门而逐狡兔……

李斯的故事真是让人唏嘘啊！如果可以选，他会不会去过另一种人生——像一首歌唱的那样，野果香，山花俏。狗儿跳羊儿跑，举起鞭儿轻轻摇，小曲满山飘，满山飘。

唐人胡曾在咏史诗《上蔡》中写道："上蔡东门狡兔肥，李斯何事忘南归？功成不解谋身退，直待咸阳血染衣。"

李斯在该退时不舍得退，最后失去的只能更多。也许他不知道命运给他的每一件东西，早已在暗中标好了价格……

李斯的人生故事真所谓大起大落、大开大阖，从一个名不见经传的小书生到秦王身边最炙手可热的红人；从羡慕米仓大老鼠到参与历史上第一个大帝国的制度设计；从《谏逐客书》的洋洋洒洒到奠定中国两千多年郡县制结构的深谋远虑。他奉行老鼠哲学、贪恋权势、心胸狭窄的弱点一目了然，但闪光点也真的很多。

四 洋洋洒洒的《谏逐客书》

话说战国真是有很多这样的纵横游说之士，他们混天下单凭一张嘴，就是江湖上传说的那种"一怒而诸侯惧，安居而天下熄"。前有苏秦、张仪，后则见李斯。

当时的李斯在秦王身边混得正好，事业也正处于上升期，却因为郑国间谍一事要被驱逐出境。在人生的十字路口，已经无路可退的李斯，鼓足了勇气，铆足了精神，用尽了才思，写成了这篇改变他个人命运，后来也改变了秦朝甚至整个中国历史进程的文章。要知道，他要进谏的这个人可是虎狼之国的带头大哥嬴政！嬴政是什么人他最清楚，难道他不怕吗？肯定怕！但事关一生，不拼怎么办？李斯拿着写好的文章，高唱着爱拼才会赢，朝着王宫出发了……

他的开场白是这样的：皇帝啊，我听说那些当官的都在议论驱逐客卿的事情，私下以为这事不妥。李斯明明知道这种决策只有秦始皇一人能定，却偏偏避实就虚，把责任都推到官吏这个群体之中。——他已经为嬴政撤销命令准备好了一个理由。

上一句明明说这事不妥，哪里不妥，为什么不妥，李斯接下来却避而不谈，反倒是直接进入到忆往昔峥嵘岁月的甜蜜回忆之中。——这招就叫场景置换，目的就是唤起嬴政的回忆，在回忆里重拾对客卿的好感。

接下来他又从历史回到现实，从历代秦王回到现任秦王，从光辉业绩回到生活本身，继续循循善诱引导秦始皇朝着自己希望的方向思考。他是这样说的：秦王啊，您吃的用的，看的听的喜欢的，哪一个是秦国本地产的？说明您的生活根本离不了进口货啊。可是您现在却要驱逐外国人，也就是说您是只用外国货而不用外国人，也就是说您是一个看重货物而轻视人才的人？这样可不是一统天下治理国家的做法啊！

李斯这胆子也是挺大的，敢这样对秦始皇说话！感觉这个带头大哥看到这里简直要发脾气！

那么他到底发了没有呢？

没有！

为什么呢？

因为李斯很懂"作"，接下来就赶紧拍马屁了，他说：在我心里，您秦始皇就是泰山、大海，是天下最厉害的帝王！

文章的最后，他说："今逐客以资敌国，损民以益仇，内自虚而外树怨于诸侯，求国无危，不可得也。"——真没想到李斯最后却是以非常确定的警告语气来结束的！！你现在驱逐我们，就是资助敌国！话说李斯也是胆肥啊，可是估计那时候也只能孤注一掷了。跟嬴政这样掌握着权力又暴脾气的人说事，过分卑微是不行的！还是要有一份坚持，一种自信，才能让人敬佩！说不定还会有奇效！结果证明，李斯冒险成功了！秦始皇撤回逐客令，李斯继续工作。

他用一篇文章改变了自己的命运，也改变了整个中国的命运！

鲁迅曾称赞李斯说："秦之文章，李斯一人而已。"

作为第一帝国的总设计师，他影响了整个中国历史的进程。

鲁迅还说过一句关于李斯的话："然于文字，则有殊勋。"李斯的文章不是拿来卿卿我我、参悟人生的，他的文章就是拿来为自己的目标服务，为国家服务的。没有李斯的坚持冒险，可能就没有后来秦统一天下后的郡县制，也没有货币、文字、度量衡的统一，那么整个帝国政治制度的设计恐怕都要重新来过。当然这并不表示他的所有建议都是对的，比如焚书令就饱受诟病。

李斯这个总设计师的工作到底干得怎么样？我们回到那个时代去看看吧。

当年秦统一中国，表面上凭的是武力，其实就内层而言，是天下人对于统一的心理要求，春秋战国乱了 500 多年，所谓"天下大势，合久必分，分久必合"。

秦统一后，开创了中国历史的新阶段，中华民族进入第二次大凝聚的周期。第一次是周朝，第三次是汉朝。第一次的周朝是为中华民族的大凝聚打了一个基础，而且是一个非常坚实的基础；可是春秋战国时期，天下四分五裂，好好的一片中华大地，秦楚燕韩赵魏齐，治理方式不同、货币文字度量衡都不同，秦朝的统一拉开了中华民族再次凝聚的序曲。虽然秦朝很短命，但继之而起的汉朝也是一个大统一、历时 400 多年的朝代，可以说，中华民族的凝聚力在汉朝才得到了充分的巩固。魏晋以后的南北朝，包括隋唐，其实已经融进了很多外族，隋朝和唐朝的皇帝都是有鲜卑血统的，那时候已经不再是纯粹的华夏民族的概念。

站在历史长河中的秦朝代表队，嬴政是旗手，旗手后面紧跟着的就是他的忠心伙伴李斯，他们是怎样承担起历史赋予他们的伟大使命的呢？他们一起做了这几件事：

继续开拓疆土。可以说秦朝基本定下了中国的版图，之后也有扩大，但依然是以此为中心。

在全国范围内统一文字、统一度量衡、统一货币。战国时期各国分而治之的局面彻底改变，中华民族开始车同轨、书同文、行同伦，真正开始凝聚成具有独特文化底色的统一体。

设置郡县制。自此周朝的分封制彻底破坏，中国开始了中央集权的帝国时代。直到今天，可以说我们仍是郡县制的国家，郡就相当于省，最高行政长官都是由中央任命，不能世袭。郡县制真是中国的一大发明，因为当时世界上没有一个国家是实行郡县制的。这个发明人就是李斯。

除了以上深具正面意义的事情之外，嬴政和李斯还干了一件不太受人待见的事，这就是焚书坑儒。

但是这件事真的有传说中那样大的破坏力吗？我们来讨论一下这个问题。

那是秦始皇一统天下后的第八年，有一次朝廷在咸阳宫举行庆祝宴会，一些大臣和朝廷专门设置的研究学问的"博士"都争相拍马屁，称颂秦始皇的威德。这时候偏偏有一个出来唱反调的人，他就是原来齐国的读书人淳于越。他说："我听说殷、商这两个朝代都延续了近千年，主要是因为这两个王朝都将国王的子弟以及建国的功臣分封贵族，建立各自的诸侯国家作为王朝的分支辅助。现在陛下据有海内，而子弟仍然只是匹夫，万一朝廷发生了像过去齐国的田常或者是晋国的六卿那样的内乱灾祸，没有谁能够组织力量来帮助救护的。凡是政事不遵照古代的成法的，没有听说能够长久的。今天周青臣等当面奉承陛下，实际上却是在加重陛下的罪过，他们都不是忠臣。"秦始皇听完很不高兴，就要丞相李斯主持讨论。

李斯作为丞相，全面批驳了淳于越的说法。他说：古代天下散乱，没有办法统一，所以才导致诸侯割据，还出现了各种各样的学说，说古代好、现代坏，自说自话自封一派。现在陛下并有天下，四海之内定于一尊，是非黑白只应该有一种统一的说法。可是民间的那些私学还胆敢来议论批评，传授法律规定以外的学问，一听说国家推出新的法令，就用自己的私学来批评，在朝廷时就在心里诽谤，出了朝廷就在街巷里议论，一个个以敢于批评皇帝而取得名声，以奇谈怪论来夸耀自己的高明，率领民众诽谤朝廷。这样的情况不予以制止的话，皇帝的威信就要下降，结党营私在所难免。所以一定要设法禁止才好。

于是他建议秦始皇：民间收藏的所有的文学诗书、诸子百家的书籍，统统要烧掉。如果在法令下达后的 30 天内仍然没有烧掉的，就发配到长城去干苦力！准许民间收藏的只有医药、卜筮、种树之类的技术性书籍。凡是想要读书学习的，就以吏为师，跟着官吏读法律就行了。

秦始皇批准了他的建议，这就是历史上著名的"焚书令"。这个法令的主要立法目的很清楚，就是要统一思想，不要随便议论，以古非今。

焚书这事肯定不对，但他们的考虑也并非完全没有道理，而且秦始皇下令烧的是民间之书，不烧官府之书，私人之间的学习，仍然可以讨论诸子百家的学问。但官方渠道而言，就只能遵从一种思想。

大家普遍以为秦朝的焚书坑儒，是先秦时代繁盛的子学时代的终结。在这种强调整齐划一的制度之下，思想言论失去自由，学术发展确实是受到了阻碍。但秦朝仅仅持续了十几年，一个如此短暂的时间段是不大会对人的思想产生如此大的影响的。鲁迅说，十年树木、百年树人，大概思想的变化必须得百年以上！

而且，历史事实是，到汉初的时候，诸子之学仍然很兴盛，汉文帝喜欢黄老之术，贾谊崇尚儒家，还有的在研究纵横家。可见秦朝并没有实现思想完全统一这个目标，况且，从秦始皇下令焚书到汉人入关，不过数年之间，要尽灭当时学说，事实上也是不可能的。

烧书虽然容易，要把人的思想挖掉却很难！

子学时代真正的结束，其实是在汉武帝时期，冯友兰说："董仲舒之主张行，而子学时代终；董仲舒之学说立，而经学时代始。"为什么呢？汉武帝以儒家思想招录官员，用功名利禄吸引广大人才，你要加官晋爵就得学儒家思想，这真是贾谊说的，政府定什么样的标杆，就会得到什么样的人才。从这时候开始，儒家开始真正成为中国社会的主流思想。要说思想的统一，独尊儒术和焚书坑儒的实质是一致的，不过秦始皇和李斯他们的手段更赤裸裸一些而已；要说子学时代的终结，最重要的力量不是来源于焚书坑儒，而是汉武帝和董仲舒的独尊儒术。自此之后，到现代之前（1911 年辛亥革命），中国的思想界再也没有发生根本的变动，所以，先秦百家争鸣的繁盛时代就再也没有出现过。

下一次再见，应该说是在 1911 年之后、1949 年之前，两千多年的帝国时代结束了，中国该往哪里去，那是一个巨大的十字路口。在那个十字路口上，曾有过很多的思想、争论，一时之间，仿佛回到了子学时代。

吕不韦和李斯都是那个时代的风云人物，他们有智慧、有手段，也有繁华的命运。他们一生的经历颇为不同，但最终却殊途同归。这个同归的背后有没有同因呢？

一个贪字！

权倾天下的吕不韦因为贪恋儿女私情，在嬴政已然越来越大的时候，还对赵姬保有私情，该断不断，必受其乱。李斯已经位极人臣，却始终贪恋权势不知早日退出江湖，直至无法收拾，一步步跌入深渊，连个全尸都未得，连牵着黄狗去散步都成了未竟的奢望。

屈　原

他流放了整个时代 »»»

这个世界上，有很多很多人活着，却一直不知道为什么活着。

也有少数人是知道的，他们清晰地知道自己人生的目标，一天天都在为这个目标而努力着。

但大概只有很少很少的人，他们不仅知道为什么而活，也知道自己是可以为了什么去死的。

我猜屈原便是这很少很少人中的一个。他活着的时候，为国为民为楚怀王，目标清晰、一生未变；他抱着石头沉江赴死的时候，表面上看，他是绝望是痛苦是悲伤得无法自已。再往深了想，他是对节义精神的自我成全，是对知己楚怀王至死不愿割地给秦这种贵族精神的隔空呼应。信义已死，崇高已亡，混浊之世何须苟活？

石头很重，拉他入水赴死；精神很轻，飞越千山万水。那一刻，他的心里一片光亮……

一　屈原生长的那个国度——楚国

我们在本书中要谈到的春秋战国时期的大人物，绝大部分都是生长在北方的，比如孔子、墨子、老子、庄子等。只有屈原，只有他从生到死都在南方的楚国。那么，楚国是一个什么样的国家？她会以什么样的方式给屈原的人生、性格、命运打下自己的烙印呢？

为了说明这个问题，我们先来回顾一下楚国的前世故事。

据说，商朝初建的时候，火师祝融和他的部落一帮人很不受商王待见，经常被各种忽略漠视。受不了的祝融带领自己的部落往南迁移，他们迁移一点，商朝的军队就跑来驱赶他们一回。他们流离失所，星夜赶路，筚路蓝缕，最后到达荆州一带。估计商朝的军队都赶累了，就没人再理他们，于是他们深喘一口气，定居下来。——他们，就是楚人的先辈。

荆州这地儿倒是气候湿润、鱼虾众多，他们也慢慢地跟当地的少数民族学会了结网捕鱼、种植水稻，甚至为了融入当地，学会了当地的语言，穿上了当地的衣服，跳起了当地的舞蹈。——总之就是北方人眼中，一群蛮夷该有的样子。

可是他们始终记得自己的来历，始终盼望着有一天能回到自己的老家，那个文明之乡。他们告诉自己的儿子不要忘记自己是北方人、是文明人；后来他们的儿子又告诉自己的儿子……然而，他们一直没有等到机会重返家园。

六百年的漫长时光就这样过去了！

北方，商朝末年，姬昌因为一点小事就被当时商朝的大老板关禁闭关了七年！他不服，替自己不服，也替天下人不服！他暗中派使者到四方联系，其中一个使者就跑啊跑啊跑到了楚人这里。"咱们一起灭商吧！"使者说。

当时楚人部落的首领——为了理解方便，我们就称他为村长吧！——因为当时他们的地盘确实就是一个大村子那么大。这个村长可不一般，他立马从中看到了回归家园的希望，于是下定决心，率领楚人走上了遥远的回家路、也是战争之路！

天下齐心协力，商纣王被杀，西周建立。周文王姬昌大赏天下，自己家的大儿子二侄子七大叔八大舅都分封建国，其他在战争中帮忙的部落也都一一受赏，一直忐忑地等在大殿外的村长的儿子（村长在和商朝的战斗中死亡了！）也等待着来自周文王的封赏，哪怕是个最低的子爵也行啊——再低等的认可也是认可啊！我们楚人本来就是北方人，是文明人！

然而诡异的事情发生了，周文王好像忘了还有个村长的儿子在等，他已经宣布散会啦！

楚人的心啊，拔凉拔凉的……回到南方家里的楚人，比以前更忧伤了！

再后来，周成王继位了。这个周成王有一天突然想起了楚人在战争中的贡献，于是一份迟到的礼物送来了，楚人村长被封为子爵！还给了他一块五十里的地方作为地盘——很小很小的官，很少很少的地，很久很久的等待，很大很大的意义——楚人终于获得了朝廷官方的认可，他们终于是西周子民，是文明人啦！

可是现实还是很残酷的。

那一年，周天子搞了个啥庆祝大会，作为臣子的楚子爵当然也要参加啦。不仅要参加，还得准备贺礼呢。可是楚人真是贫穷啊，挑来挑去，拿得出手的就是一把桃木弓箭和一把祭祀用的草。——就算是祭祀用的，也只是草啊！周天子很不开心，庆祝大会隆重召开的时候，楚子爵只能和鲜卑的一个领导一起在外面照看火苗！

心里刚刚暖了没多久，楚人的心又冷了。从那时候开始，楚人就想好了，哼，你们瞧不起我们，我们还不巴结你们呢，你们文明你们的，我们野蛮我们的，以后我们各玩各的好了！第四代子爵一生气，自己封自己的三个儿子为王。——那意思他自己就和周天子是一样的！有资格封人做王！

这可厉害坏了！从此以后，楚人的领袖就开始叫楚王啦！春秋时期的五霸，比如说齐桓公、晋文公、秦穆公、宋襄公，都是"公"，是周王室分封的；只有楚国的楚庄王是以王称的，牛吧？

第四任子爵这样蛮干，西周肯定是不允许的。可是那时候已经是西周末年了，周幽王各种残暴无道，结果被犬戎部落给杀了。下一任周王急忙向东逃跑，哪儿还顾得上南方的楚人这么点事啊。楚人的领袖也是聪明，趁着周王室风中凌乱，赶紧东突西进扩大自己的地盘，强壮自己的国家！

从受封子爵开始，直到后来楚被秦所灭，楚国的国运算起来也有八百年，和周朝八百年是一样的，不信你算，从公元前1042年受封，到公元前223年被秦所灭，可不就是八百多年吗！那周朝呢，西周时期300年，春秋270年，战国270年，加起来也是八百多年！

基本上可以说，八百多年来，楚国一直在南方发展，周朝一直在北方发展，虽然周朝所在的北方，文化高生活富底子好，但北方的国家也多啊，不小心就各种争夺，队伍不好带啊！而楚国呢，偏安一隅却能默默自由发展，后劲也是很足的啊！比如说这个曾经一时风头无两、问鼎中原的春秋五霸之一的楚庄王！

楚庄王饮马黄河之后问鼎中原，虽然没有实际的结果，但这是楚人在国际舞台上的一次大大的、富有成果的露脸。事实表明：几百年的默默发展之后，楚国已经强大到令北方国家心惊了！

当然楚国的历史也是曲曲折折、起起落落。其中落得最深的一次是春秋楚昭王的时候，楚国的国都都被伍子胥带领的吴国士兵给铲平了。后来还是一个叫申包胥的楚人在秦国朝堂门外哭了七天七夜，秦王被他的忠心真诚打动，当然也是国际形势的需要，于是出兵南下。就这样，在秦国的帮助下，很快便赶走了吴国人，楚昭王又回来了。——秦国对楚国的这次帮助，将在若干年后成为楚国前进的绊脚石。有句话是怎么说的，出来混总是要还的！

回来的楚昭王深刻反省，带领楚国蒸蒸日上，重新富强，两百年后到楚威王的时候，可以确定地说，楚国已经一跃成为当时世界第一大国。——世界第一大国啊，当然是强过中国北方的其他国家！

楚威王的儿子楚怀王——也就是屈原长大后的领导、伯乐，接手楚国的时候，楚国那真可以说是如日中天、超级厉害的啊！

对，就是在楚国最富强的时候，公元前 340 年正月初七，人日，就在这个超级厉害的国家，一个贵族世家里，有个叫屈原的孩子降生了！

楚人原有的文明基因，一路艰辛成长的深刻思考，世界超级大国的优越感，所有这些，都顺着祖辈的血液流到了这个婴儿屈原的心田里，等待来年，春暖花开……

长大后的屈原是个什么样呢？

二 顺风顺水的青年时代：都是因为遇见了他

前面我们说过，北有周朝，南有楚国，但来自北方的楚人在文化基因上和周人还是有很多相似之处的，所以楚人建国之后也慢慢地培养起了几个大的贵族世家作为国家的重要辅助。战国时期的贵族，屈氏便是其中之一。

但他们的强大之路跟北方的超级大家族一样，都是很不容易的。从因为过于强大终于被楚庄王灭掉的若敖氏，到后来手握国家命脉、遭楚灵王忌惮而除掉的芳氏；再到楚悼王时期，包括屈氏在内的四大家族慢慢强大起来，其中的昭氏、景氏在楚威王时期一直紧紧把持着朝政。到 27 岁的楚怀王继位，为了打压以上两大家族，巩固自己的王权，转而重点扶植一直没有特别发达起来的老贵族屈氏。

真是江山代有望族出，各领风骚数百年！

所以说，比楚怀王小 15 岁的屈原，是不是来得特别是时候？

机会确实是有了，但能不能把握得住，还得靠屈原自己。

幸运的是，屈原自己，也很是靠得住。

"小嘛小二郎，背着个书包上学堂"，少年的屈原就是这个样子的。他好学爱问，学习兴趣浓厚，但老师却不是很喜欢他。为啥呢？因为他总是喜欢问一些刁钻古怪的问题，有时弄得老师都很尴尬。在学校不是很开心，屈原就经常跑到田间，和农人们谈天说地，搜集民间诗歌。大家知道他喜欢读书，就把很多家里的藏书送给他，他一本一本抱着，自己找到一个秘密的石洞，躲到里面废寝忘食地读起来。

一个冬天的深夜，大雪纷飞，家人都入睡了，屈原还在自己房里读书。一阵急促的敲门声响起，屈原开门一看，原来是一个又老又脏又驼背的奇怪老人，屈原心地仁厚，赶紧请老人进屋，并让厨房烧火做饭。酒足饭饱之后，老人还命屈原为自己烧水洗脚，睡觉前还命令屈原先钻进被窝为自己暖床，屈原恭敬地一一照做了。第二天老人飘然而去，留下一个大袋子，屈原打开一看，哇，满满的都是书！是他以前没有见过的书。

是故事也罢传说也好，就是在这些书的陪伴下，屈原慢慢长大了！

那一年，楚国粮食歉收，乡亲们都饥饿难耐。屈原经常悄悄地从自己家里偷粮食出来给大伙儿吃。他的父亲知道了，倒也不责怪，只是告诉他这样一个道理：即使把家里的粮食全都拿去给乡亲们，也不能解救全天下的饥民啊。你要好好读书，做治理楚国的大人才，这样才能为人民做更多的事！——这件事对屈原的一生影响很深，父亲说得对，要做救济天下百姓的大事！

屈原十九岁那一年，当时华夏第二强大的秦国派军队来骚扰第一强大的楚国，屈原也在后方带领乡里青年积极抵抗。秦国为什么会在短时间内迅速强大到敢于骚扰楚国？这是那时候的屈原认真思考的问题。他发现，楚材晋用、楚材秦用的问题非常严重，楚国留不住人才，秦国却积极招揽天下有识之士，屈原对楚国的未来有了深深的担忧。

楚怀王想要重用屈家的心意加上屈原的努力，很快，屈原得到了自己的第一个职务：县长！

屈原的起点真是高啊！一出马就是一个县长！

县长干得好，第二年，他就被提拔为左徒。

左徒到底是个啥官，有各种解释。笔者偏向于游国恩教授所说的观点，左徒就是副令尹，也就是副丞相吧，负责很大一部分内政外交，可能相当于国务院总理兼外交部部长。——当年世界第一大国的副丞相，才 21 岁呢！

屈原 21 岁，楚怀王 36 岁，年轻有为的少年郎遇到了盛世时的楚国之王！这种相遇以及相遇后的故事走向，最好的历史编剧也写不出来，只有等待命运来书写，这个命运包括楚国的气运、楚怀王的命运还有屈原自己的命运。对，外面还环绕着秦王、张仪、子兰、上官大夫各色人等。不同的立场，相异的拉扯，构成一张极其复杂的政治之网。

年轻的屈原有能力面对这一切吗？作为屈原领导、伯乐的楚怀王会一直支持他信任他吗？

政治从来就不简单，何况是在那个诡谲复杂的战国时代。

战国到底是个什么时代？

如果说春秋是西周贵族政治、礼乐治国模式的摇摇欲坠时期，那么战国就是这一模式的彻底崩坏！贵族不再在其位谋其政，苏秦、张仪等人，徒步而为相；孙膑、廉颇等人，白衣而为将。自夏朝开始传承的贵族政治破坏，整个社会制度起了根本的变化，真是天地之间一大变局之时。天下熙熙，皆为利来；天下攘攘，皆为利往。人们到处推销自己的政治主张，寻找合适的买主，一有机会就爬上高位，实用主义成了唯一的标准和原则。

可以说，这是华夏民族史上真正意义上的天翻地覆的大时代——这就是当时的屈原面对的战国。

当时华夏南北，号称有七雄，齐楚燕韩赵魏秦。其中楚国最强大，历史悠久，积淀丰厚，物产最富有，军队最厉害。老二是秦国，积极招纳天下人才，训练军队然后到处骚扰夺地，特别不安分；老三是齐国，齐国在山东，春秋霸主齐桓公之后，妥妥的农业大国，国力雄厚。其他的四个国家相对弱一些。虽然天下分了这么多国家，但如果大家都遵守某些国际原则，还是有机会和平共处的。但是刚才我们说过了，这是一个赤裸裸的实用主义的时代，每一个人都在寻找突破的机会，每一个国家也在寻找。尤其是不安分的秦国，号称强秦，虎狼之国真不是浪得虚名。

为了抵御函谷关以西的这个虎狼之国，函谷关以东的其他六个国家就有意愿联合起来，形成合纵之势，共同御敌。作为外交部部长的屈原曾在那时候出使齐国共商合纵大局，楚国作为当时最强大的国家，楚怀王被推举为纵长，领导指挥合纵大事。

国际局势暂且缓和，屈原又开始忙着进行国内改革。

在楚怀王的支持下，基于年轻时的那些思考见识，屈原在接下来的三年内主要发动了三项改革，一是加紧制定法令，希望做到令行禁止，上下通达；二是公开人才标准，在全国范围内选用贤能，减少人才流失，实现楚材楚用。三是抑制贵族势力，收回贵族权益，仁爱为民。

在屈原三年多的努力下，楚国人心沸腾，形势大变，贵族面临覆灭的命运。但是，问题来了，贵族们能坐视不管，任由屈原这样折腾吗？

答案是否定的。

说个小故事：

屈原各种被重用，有一个和他同朝做官的上官大夫就很不爽了，为什么楚王老是重用你屈原呢，我就是不服！

有一次，屈原刚刚起草好了一部准备颁布实施的法令的草稿，没想到这个上官大夫竟然跑过来抢。屈原肯定是不会给他了。就这样，两个人结下了梁子！很快这个上官大夫就跑到楚怀王那里去打小报告说："楚王啊，难为您那么重用屈原，可是屈原呢，根本就不把您放在眼里，他每颁布一次法令，就对人炫耀说，这样的事情只有我屈原才能做到啊！"

这耳边风吹的，一次两次三四次，再加上别的贵族们趁机煽风点火，各种诡计阴招，楚怀王慢慢地就疏远了屈原。

然而正直的屈原不管，他还是该说什么就说什么。一个年轻有为却毫无城府的小伙子碰到了一帮老谋深算、一心为私的贵族群体，复杂的政治之网向他张开，他的手脚被套住，难以舒展！

他会不会也曾想过屈服？

是的。他想过，他后来在《离骚》中这样说："悔相道之不察兮，延伫乎吾将反。回朕车以复路兮，及行迷之未远。"意思就是说，（关于该不该和他们同流合污）刚刚我还犹豫了一下，迟疑了一会儿，但是不行不行，趁着我迷路未久，赶紧掉头。

不屈服？就赶你走。

27 岁那一年，屈原第一次被流放。

屈原的改革内容以及结果和孔子当年在鲁国的情形是很像的，孔子不得已离开故土，十几年流浪在外；屈原 27 岁之后几次被流放，再也没有被真正重用。孔子后来一心教学，屈原也曾设坛教学。两人不同的是，孔子的晚年还是比较自由幸福的，可以做自己喜欢的事，读自己喜欢的《周易》；但是屈原就没那么幸运了，可能是一生的好运气都在年少时用完了，也有可能是复杂的政治永远都不适合质朴真诚的人。

有人说，如果当年屈原改革成功了，最后统一天下的可能就是楚国。那么中国的历史可能就要重写。

遗憾的是，历史从来就没有如果。屈原是上天赐给本就强大的楚国一次更加强大的机会，可惜楚国人将这个机会流放了，他选择的是另一条不归路。

三 旷野中的屈原还在等什么

27 岁的屈原第一次被流放，虽然后来又被召回，但不过是楚怀王的权宜之计，用完他这个老熟人出使齐国，很快又疏远了他。

就在屈原被放逐在核心政治圈之外的这段时间，楚怀王以一己之力，接连几次决策失误，轻易便将十足强大的楚国拖入了万劫不复的深渊！

前面说过，楚国和其他五个国家合纵共同抗秦，天下大势暂且安定了一段时间。可是秦国人也不是吃素的，他怎么情愿让这种局势一直持续下去呢？这不，一个关键的人物出现了！

这个人物就是张仪！本来是楚国人的张仪！

张仪被楚国人羞辱，却被当时的秦王重用，为报赏识之恩，张仪主动请缨到楚国，准备以三寸不烂之舌破坏合纵大计！

他是这样对楚怀王说的：您看，当年楚昭王都快亡国的时候，是谁来出兵救的你们？是秦国啊！你现在怎么能和他们联合起来攻打秦国呢？不过秦王说了，他不怪你，只要你不再合纵，积极跟齐国断交，我们秦国还愿意割让六百里的土地给你！够意思吧？老大。

之前我们说过，战国是一个赤裸裸追求利益的大时代，是贵族政治彻底崩坏的大时代，可是这种崩坏的等级在北方确实更明显一些，因为那里国家多、土地少、争夺频繁啊。可是楚国呢，偏安一隅，自己的土地本来就是大把大把的，能够跟楚国来正面争夺的隔壁国家，真不多。所以整体来说，楚国的贵族政治还有一定程度的保留，而楚怀王身上那种崇尚信义的贵族精神也更为浓厚。所以当张仪说起旧事算起旧账，楚怀王心里就很不是滋味，毕竟当年秦国帮助了楚国是铁板钉钉的事实啊！如今再加上六百里土地，楚怀王的眼睛亮了，他马上表态，可以的！我们就跟齐国断交！

楚国使者跟着张仪一起到秦国，巴巴地等着拿地图。可是张仪呢，假装下车的时候摔了一跤，在家养病，足不出户足足三个月！使者急啊，在老家的楚怀王也急啊，咋回事呢？难道是嫌我跟齐国断交断得不够彻底吗？立即叫人出使齐国，不说别的，看到齐王就骂，骂他个狗血淋头！

三个月后，张仪终于露面了，他拿出一张地图说，来，六里地给你们！

什么？不是六百里吗？

你肯定是听错了，怎么可能是六百里呢？我一个臣子哪有那么大的权力，一下子答应你们六百里？不可能，不可能的！

使者回来一说，楚怀王气翻了。不顾一时仓促，军队尚未准备好，下令立马出兵，攻打秦国！

结果是显而易见的，打一回，输一回！秦国早做好准备了，就等你来战！

楚怀王这边实在打不动的时候，秦国发话了，要结束战争可以，必须楚怀王自己来秦国签协议！

国君岂可随便动身？俗话说得好啊，国不可一日无君不是？是的，大家各种劝阻，包括政治边缘人士屈原！

老实说，楚怀王也是有点犹豫的。可是秦国又说了，来吧，来谈谈，谈好了我们还可以把公主嫁给你，咱们来结个亲家，永享安宁！

楚怀王有点动心了！他的儿子子兰火上浇油了，父亲，您还是去吧，再怎么说秦国也是一片好心啊！

据说为这事，屈原痛骂过子兰。也因为这事，为屈原第二次被流放埋下了伏笔！

楚怀王刚踏进秦国的土地，就被软禁了！

秦国逼他以割地赎身，然而崇尚信义之贵族精神的楚怀王这次真的被伤透了心——如果说他第一次信张仪信错了，那可能是因为张仪本来就是个跑江湖的，毫无信用可言；第二次他信的可是秦王啊，作为一个国家的王，怎么可能如此赤裸裸地出尔反尔？可是在事实面前，不信也得信！所以说这次，楚怀王被伤透了心！割地给流氓？不，他坚决不同意，宁死不屈！

僵持之际，楚国旧贵族们决定另立楚王，就这样，楚怀王的儿子仓促中登基做了楚王。那个旧楚王，秦国你们喜欢就留着吧！

……

政治局势过于诡谲，正常人都不知道该怎么接话了。

屈原气啊，他想面见新的楚王，可是子兰不答应，新的楚王就是子兰的哥哥啊。子兰怕屈原得势了，自己没有好果子吃，拼命挡在中间，各种使诈！在子兰的努力下，屈原第二次被流放了！

好了，崇尚信义的贵族代表楚怀王在秦国做了囚徒，有才干进行改革的屈原在旷野中披发郁闷，剩下的楚王室，苟活而已。

20 年后，秦国大将白起攻破楚国都城，楚国距离最后的灭亡只有一步之遥！

800 年的起起落落，多少先辈的奋发积淀，经不起楚怀王几年的折腾，这是楚国的气运不再了吗？

已经在旷野中流放了 16 年的屈原，你还在等什么呢？

四 在三心二意的世界里始终一心一意

在那个三心二意、逐利务实的战国时代，可能大家都很想问一句，屈原 27 岁第一次被流放的时候，为什么不能像楚人张仪、李斯那样远走他乡，去寻找另一位明主再展抱负？到底为什么屈原要一直守在不重用他的楚国呢？

是啊，为什么呢？

我回答不了，我们还是到屈原自己的文字《离骚》《天问》中去寻找答案！

什么是"离骚"？东汉有人解释说：离，就是离别；骚，就是愁闷。《离骚》就是屈原离开故土，忧思难解时写出来的作品。

屈原在《离骚》中使用了大量的比喻和丰富的想象，表现出一种积极的浪漫主义精神，他开创了中国文学上的"骚"体诗歌形式，这种不同于北方文体的"离骚"，一下子就震惊了文坛。虽然屈原因此成为中国第一个文学家，可是屈原不在乎出名，他还是一心一意想着他的楚国。

他在《离骚》中说，"余固知謇謇之为患兮，忍而不能舍也"。意思就是说，我原本就知道直言相谏会惹出祸端，可是让我啥也不说，啥也不做，我真的做不到啊！——秉性如此，也许这就是屈原被流放命运不可更改的第一个原因？

不仅如此，他还牵挂着他的父老乡亲啊，那些在他年轻时无法全部帮助到的楚国老百姓们！"长太息以掩涕兮，哀民生之多艰。"在流放途中看见沿途的老百姓生活艰辛，心里就非常难过。——他怎么可能离开这片故土？

"忽反顾以游目兮，将往观乎四荒。"屈原自己也是痛苦得不行，他决定要四海八荒，上天入地，纵论古今，自由驰骋，去寻找人生真正的答案。

他也曾质疑："何所独无芳草兮，尔何怀乎故宇？"其他地方肯定也有美女啊。为啥我单单怀念自己的故乡？——这里的美人是暗指楚怀王，意思是其他地方也有明君啊！这句话说明屈原自己也曾深入地思考过要不要远走他乡的问题。

在《离骚》中，有仙人也曾告诉屈原："勉升降以上下兮，求矩矱之所同。"连仙人都勉励他应该上天入地、纵横四海八荒寻找知己——也就是建议他到别的地方寻找明君。

可是，屈原想："时缤纷其变易兮，又何可以淹留？"意思就是，世事纷乱，变化无常，到处都是一样，天下乌鸦一般黑，外乡哪里值得久留？——楚国源于北方文明的优秀基因，世界第一大国的优越感，这些深埋在屈原血脉之中的基因内核，在他最痛苦的思考时刻，悄然引领了他。他怎么可能去别的国家？那不过是不讲信义、唯利是图的实用主义者的天堂罢了！

路在何方？

好吧，屈原继续探寻，"邅吾道夫昆仑兮，路修远以周流"。去最西边的昆仑山转转吧，看那里有没有答案。

西方众神对他真是各种礼遇啊，"奏《九歌》而舞《韶》兮，聊假日以偷乐"。可是，"陟升皇之赫戏兮，忽临睨夫旧乡"。为什么我本来已经升腾在光明辉煌的九天，却又在高处突然看到了我的故乡？

唉，还要远游下去吗？连我的仆人和马都不愿意前行了啊，"仆夫悲余马怀兮，蜷局顾而不行"。

远游四海八荒也解不了心中愁苦啊，想念故乡，可是故乡回得去吗？自己正在被流放，那些小人还在不断进谗言。唉，故乡回不去，远游没意思，怎么办呢？

"乱曰：已矣哉！国无人莫我知兮，又何怀乎故都！既莫足与为美政兮，吾将从彭咸之所居！"

"乱曰"，一个乱字，可见屈原当时纷乱的心绪。虽然，"乱"的本义并非如此。

可纷乱解决不了心中的愁绪，屈原需要重新认真梳理。

那一天，忧愁憔悴的屈原彷徨于川泽之间，游荡在平原丘陵之上，他见到了楚国先王的宗庙以及王室公卿的祠堂，墙壁上有很多壁画，描绘着主宰天地山川的神灵，还有古代圣君贤王行事的图画。画面瑰奇美丽，形象神奇怪异。屈原游览之后在墙壁上写下了一长篇文字，这就是他的《天问》。——没有人和他探讨这谜一样的世界，屈原只能去问天。问的过程，其实也是他梳理自己思想的过程。

他问，这天这地，是如何产生的？人人都说天有九重，可有谁真的去测量过？还有女娲为啥有着这样特殊的形体，到底是谁将她造成这样的？每一个继位的人都说自己受命于天，如果是真的，那么上帝在降天命于殷的时候，为何不好好地劝诫明白？纣王既已按照天命统治了天下，为何又被他人取代？……

屈原从天地到人事，从远古到当时，一个个问下去，一步步思考下去，也许，哪有什么既定的天命？都是人事罢了！楚国八百年基业，是历代楚王的努力；如今楚国将亡，也是人之过啊！可我改变不了那些人的想法，怎么办呢？"厥严不奉，帝何求？"既然如此，那我还能对上苍有什么要求？

别无所求了！

如此混浊之世，何须苟活？

只求速死！

那么屈原赴死，有没有想要追随楚怀王的因素呢？我认为是有的。

崇尚信义的楚怀王因为相信秦王会言而有信才选择了远行，可当他发现这不过是一场骗局之后，他不再抱有期望，拒绝与毫无信义可言的骗子谈判，割地之事，也绝不答应！关于这件事情，你可以说楚怀王迂腐呆傻，也可以说在那个赤裸裸的战国时代，难得他还坚守着最后的贵族精神、最起码的信义人道！楚怀王的谥号之所以为"怀",也可见楚国人对他的无限追思。如果他仅仅只是一个糊涂蛋，楚国人会如此深情地怀念他吗？

那么，曾被楚怀王委以重任、受到信任的屈原呢？他是不是会更加怀念曾经一起开心工作过的领导？他是不是更愿意隔空响应楚怀王至死都在坚守的那一点珍贵的信义精神？所以，屈原不可能离开楚国，不可能像张仪、李斯那样去寻找另外一个国君！尤其是像秦国这样把背信弃义当饭前小菜的国君！更何况这里还有让他始终放心不下的楚国人民！

正如屈原在他那首《橘颂》中所写："后皇嘉树，橘徕服兮。受命不迁，生南国兮。深固难徙，更壹志兮。"——这句话的意思正如我们比较熟悉的那句"橘生淮南则为橘，生于淮北则为枳，叶徒相似，其实味不同"。橘树天生就只能生长在南国，是不可能迁移的，是一心一意要在南方的。屈原赞颂橘树，其实是要求自己也要像橘树一样吧？

我总觉得，在相隔了两千多年之后，我终于第一次真正理解了屈原……我相信那一刻，他绑着石头决绝入水的那一刻，他的心里一片光亮！因为在另一个世界，信义长存。在另一个世界，他还会遇见曾经的楚怀王，相逢一笑……

苟活着的人啊，不是你们放逐了屈原，是屈原放逐了那整个的时代。

历史的尾声……

几千年后，毛泽东在他那首《屈原》中曾经这样写道："屈子当年赋楚骚，手中握有杀人刀。艾萧太盛椒兰少，一跃冲向万里涛。"
小人太多，椒兰太少，世界太浑浊不堪，屈原他一跃冲向万里涛。

屈原的肉体就此消失了，但我相信他的精神飞越千山万水，到达了另一片圣地。中国人不是有个成语叫"魂飞魄散"吗？魂飞走了，魄也消失了。

屈原的灵魂飞去了哪里呢？

他可能去和他认识的神们相聚了吧？

这个世界上到底有没有神呢？这是一个很难说清楚的问题，但屈原是信神的。因为心存虔诚，他才有可能在他的《九歌》中把那十几位神灵写得如此庄严肃穆；又因为内心那么肯定，才可以在精神的通道里与神展开对话，既然可以说话，神在他的世界里就变得和善起来。和善的神可以为人赐福，神和人之间藏着真实的感情。

屈原在人间找不到知己，死后一定去找那些和他在灵魂的异度空间里说过话的神共度时日去了，那里或许会有东皇太一、云中君、大司命、少司命，还有湘君、湘夫人、河伯、山鬼。他们看似缥缈却心存赤诚，屈原和他们的相处一定其乐融融！

屈原的肉体入了汨罗，屈原的灵魂往生天界，这才是关于屈原全部的大结局吧？

屈原死后五十多年，楚国亡。

有人预言说：楚虽三户，亡秦必楚。

果然，楚国灭亡仅仅十七年后，楚人陈胜、吴广首先发难，项羽、刘邦出手不凡，曾经不可一世的大秦帝国灭亡！华夏大地上一个声势浩大的大一统王朝——汉朝，由楚人建立。

历史，真是一个有趣的轮回……

贾 谊

贾谊生活在遥远的西汉初年，为什么千百年来后人一再惦念他提起他？

可以说，他是孔子确立儒家思想之后第一个彻底践行儒家精神的杰出代表！而儒家，是埋在所有中国文人血脉中的一颗小种子，它顺着华夏民族的血脉代代流转，有的人没有能力让它生根发芽，而有的人勤奋努力、艰苦实践，让它开出了不易而绚烂的花朵。

贾谊心中的这朵花就开得尤其鲜艳，花香四溢，绵延千年……

一 生前

屈原和贾谊的故事应该是以连续剧的形式出现的，为什么呢？

因为他们俩的故事真的太像了——同样的少年成才胸有丘壑，同样的起步很高一帆风顺，同样的意气风发耿直不阿。还有，后来也是同样因才华太盛而被同朝之人排挤外放，最后也同样都是郁闷而死。所以贾谊在去往长沙途中要专门在湘水凭吊屈原，所以太史公在《史记》中要将他们放在一篇文章中去写，取名《屈原贾生列传》。

但是，他们的相像，会不会只是表面的故事，就其精神内核而言，就其满怀痛苦的具体内容而言，真的也会是一样的吗？

屈原的故事我们已经读过了，现在我们来看看贾谊的故事。

就像屈原的故事和他的领导楚怀王密切相关一样，贾谊的故事也和他的大领导汉文帝密切相关。不同的是，屈原的领导虽然崇尚信义没错，但很多时候糊里糊涂也是真的；而贾谊的领导就不同了，他是心有苦衷的时候多，犯糊涂的时候比较少。

为什么这么说呢？

伏笔埋在贾谊和他的领导汉文帝出生之前很久的时候……

少年郎刘邦风里雨里浴血奋战，带领一帮人建立了大汉王朝，所以当上汉高祖的他总有些牛气冲天的感觉。"溥天之下，莫非王土；率土之滨，莫非王臣。"全天下都是他一个人的吗！所以，在他和他的战利品——肤白貌美的戚夫人——花前月下共享盛世的时候，一切都显得那么理所当然。

可是他忘了，在他和戚夫人日日夜夜在朋友圈狂撒狗粮的欢快身影背后，有一双眼睛，一双已经欲哭无泪、誓要绝地反击的眼睛，一直在盯着他们，那就是他的发妻吕雉，曾经与他共患难十几年，为他生下一儿一女，在战火流离中耗损了所有青春容颜的吕后。

后来，刘邦受伤后不肯医治，驾一朵祥云撒了。剩下虎视眈眈的吕后和无人可依的戚夫人以及她的儿子赵王如意。

接下来的故事还用猜吗？报复，只有赤裸裸的报复。戚夫人之死过于惨烈，可能会对 18 岁以下儿童造成心理伤害，这里就不提了。我们且说说她是怎么处心积虑害死赵王如意这个小孩子的。

刘邦驾鹤西归，正牌的儿子、也就是他和吕后所生的儿子孝惠，理所当然地继承了王位。这个孝惠真是出了名的善良仁爱，真没想到一个街头混混刘邦和一个心狠手辣的富家女竟然能生出这样一个孩子，感叹这基因组合！

我们且不说吕后残酷地处死戚夫人之时，竟然叫来自己的儿子孝惠观摩，以至于在他幼小的心灵深处留下了难以磨灭的对于母亲的惊慌和怨念，我们就来看看戚夫人死后的故事发展。

赵王如意在父亲母亲死后，赶紧识相地从未央宫滚回到了自己的封地，可是只要他活着，吕后就不高兴。她三番五次下令叫如意进宫，如意各种借口都用完了，实在扛不过去了，就战战兢兢地进宫来了。孝惠心疼自己这个弟弟，也害怕母亲会加害于他，就亲自跑到城门外迎接如意，进宫后更是一分一秒都不分开，吃饭睡觉，估计连上厕所都不分开。

这下吕后真的是没办法了，怎么办呢？

这一日，孝惠起来得早，说好了要一起去打猎的，可是如意眷恋温暖的被窝，怎么叫都赖着不肯起床。孝惠没办法，好吧，也就一会的工夫我就回来了，应该会没事的吧。

没想到就这一会儿的工夫，吕后就把事给办了。

等孝惠回来，看到的是被赐了毒酒、已然身亡的弟弟如意。孝惠真是崩溃啊，怎么会有这样的妈？"我有你这样狠毒的妈，还怎么用仁爱来治理天下？"孝惠简直要疯了。

据说孝惠至此，信念全无，斗志全无，"镇日无心镇日闲"，后来就孱孱弱弱，步履蹒跚，一路往西天挪过去了。

按说孝惠死了，吕后应该推选刘邦其他的儿子来做皇位，可是不可能，她左手一杯毒酒，右手一杯毒酒，一个个毒死了刘邦的宠妃爱妃还有她们留下的儿子们。除了那个从来就不受刘邦待见的、和自己的遭遇有点类似的薄姬——只因为和刘邦一夜情就生下了儿子刘恒的薄姬。就这样，薄姬和儿子刘恒，也就是后来的汉文帝，暂时安全、战战兢兢地生活在一个偏远的地方，不敢随便说话，不敢随便出门。

之后吕后专权，跟着自己的两个哥哥一起外戚专政，弄得朝野乱哄哄的。再后来吕后也熬不过岁月，抵不过生死，撒手去了——真不知道她死后遇见刘邦要怎么说？是不是得假装不认识，低头借过啊？

有人说权力是这世间最强大的春药。传说有人曾经跟吕后暗示说，以前舜的两个妻子如何和睦相处，如何温良恭俭让。吕后看着未央宫外的灯火很久，然后转身说，那是因为她们还没有尝过权力的滋味！

吕后死了，外戚的头儿没有了，当年跟随刘邦的那些老臣子，比如大谋士陈平和大老粗周勃等一帮人就瞅准时机，一举歼灭了吕氏兄弟。

接下来该选继承人了，可是刘邦的亲生儿子都被杀得七零八落的了，掰着指头算算，除了刘恒之外还有两个漏网之鱼！好，一共三个，三选一，到底谁来当皇帝呢？

这些老臣子不愧都是经历过战争洗礼、宫斗权谋的典范，想来想去，最终决定，在这三人中，选择外婆家最没有势力的刘恒来当皇帝——避免再次发生像吕后一样的悲剧啊！

大家知道，中国历朝历代的皇帝基本都不是选出来的。皇位的取得一般有三种方式，第一种是开国皇帝，基本都是自己打下的帝位，比如秦始皇、刘邦，还有后来的朱元璋、皇太极等；第二是靠发动政变得来的，比如唐朝李世民的玄武门之变、宋朝赵匡胤的陈桥兵变等；第三种最普遍，就是从老爸那里继承来的，一般是太子继承帝位，比如唐高宗唐玄宗；也有特殊情况是其他儿子或借来的儿子仓促上阵的，比如南宋的开国皇帝赵构，赵构因为没有儿子，于是找来赵匡胤那个系列的后代来继承皇位……但不管情况多么复杂，从中国进入帝国时代开始，从来没有选皇帝这一说。然而事有例外，汉朝就搞了这么一次。

投票结果就是刘恒！

好了，这时候，贾谊的领导，汉文帝终于出场了！

汉文帝没想到啊，一夜之间这种好事会降临到自己头上，吕后的种种残忍故事他不是不知道，孝惠的崩溃疯狂他也不是没有耳闻，一杯一杯毒酒更是一直在他脑子里过。这么疯狂的宫斗结束之后，最高的奖品怎么会落到自己这个旁观者手上？

他不信！也不敢进宫当这个皇上！

可是那些老臣们拿定了主意啊，一而再再而三地催促他，快点，宝座都给您擦亮了！

就这样，汉文帝半信半疑、将信将疑地朝着那个血雨腥风之地出发了，就这样，他小心翼翼地当上了皇帝！用他自己后来的话说：诚惶诚恐担惊受怕，三年都没睡上一个好觉！

汉文帝是历史上著名的好脾气，但从另一面来看，他也确实有懦弱的嫌疑。他这个懦弱与皇宫大院的成长环境有关，与吕后有关，当然也与他母亲的教育有关！好脾气的结果是大臣们可以大胆谏言，上下沟通顺畅；但懦弱的结果就不太好了，尤其是作为一个全国第一的决策者！

宋朝的宋仁宗也是出了名的脾气好，包拯跟他说话时，唾沫星溅到他脸上，他也只是默默地自己擦掉，继续保持微笑听包拯说话。但他就不懦弱，他是以柔克刚的。

汉文帝的性格在很大程度上决定了汉朝的走向，尤其是离他很近的贾谊的命运走向！

即位之初的汉文帝向全国征询贤才，就在这时候，贾谊这匹千里马和他的伯乐、当年的河南省省长，一起来到中央供职！

二 英年

河南省省长为啥会带着他一起来呢？情况是这个样子的：

贾谊本就出生在河南洛阳，小的时候就爱学习爱努力，一副少年才子的模样。他师从荀况的学生，十几岁就已经闻名于当地。当时的河南省省长吴公便把贾谊召到门下，对他各种器重。就这样，千里马碰到了伯乐，在贾谊的辅佐下，吴公治理的河南省，太平富有，社会安定，时评天下第一。——贾谊少年的路太顺利，成绩太突出，所以自信满满，这可能是他后来特别相信自己的判断、过于耿直谏言的依据吧？

汉文帝登基后，听说河南这个地方治理有方，于是提升吴公为廷尉，到中央任职，吴公就赶紧举荐了贾谊。于是他们一起来了！

有省长的推荐，贾谊很快就受到了重视，当上了可以议政的博士。据说皇帝每次咨询，旁边的博士还没说话，年轻有为、朝气蓬勃的贾谊都能口若悬河，对答如流。领导倒是高兴啊，可是也有很多人不高兴！

贾谊有才确实是真的，但懂得进退有度、学会在宫廷生存的技巧，有时是不是更重要？他是年轻气盛，但有心人就不这么看了。——贾谊一开始的表现就为自己未来的命运埋下了不好的伏笔。

就这样，领导一高兴，贾谊又升官了；可当领导想再给贾谊升官的时候，那些不高兴的人，就站出来了！

这些人中有两个特别厉害的，其中一个就是大老粗周勃。他可是当年铲除吕氏的重要人物啊，更是协助文帝当上皇帝的核心角色。你说，这样的人物，文帝敢得罪吗？

周勃为什么讨厌贾谊？

周勃本身就是大老粗式的人物，讨厌文学，不喜文人，况且贾谊还老是建议皇帝要削弱诸王的势力，周勃怎么会高兴？

周勃劳苦功高，文帝不敢得罪他，贾谊也就忍了，可另一个人呢？

另一个人是谁呢？这个人就是邓通。邓通来到文帝身边的故事有点奇葩，据说有一天晚上，一直没有睡好觉的文帝朦朦胧胧中做了一个梦，梦见自己正在往天上飞，可是飞啊飞啊，就是飞不起来（估计是被子、床单缠住了脚吧）。就在这关键的时候，有一个黄头郎从后面推了他一下，哇，一下子飞上去了！

醒来后的文帝很高兴，就满世界去寻找这个黄头郎。功夫不负有心人，在一艘小船上，看到一个摇船过河的艄公，就是他，梦里推他的那个人！就这样，籍籍无名的邓通走进了文帝的生活，也走进了贾谊的生活！

文帝喜欢邓通，有邓通在，一直诚惶诚恐的文帝睡觉都觉得踏实。邓通的很多建议文帝也都采纳。耿直单纯的贾谊就不明白了，邓通说的那些建议根本就不通啊——邓通本来就不是很通啊，别忘了他本来的职业。可是文帝为啥要信他各种建议呢？还不是那个梦捣的鬼？

可是贾谊不肯理解，满是自信的他竟然直接跑去劝文帝远离邓通。文帝这边，即便只是为了睡个安稳觉，也不可能离开邓通！那邓通呢？这个人本来就没有什么真才实学，最怕别人看破这点，道出实情，一听说贾谊这样背后说他，就惊了！这一惊非同小可，后果严重，于是天天在文帝耳边吹枕头风，文帝也觉得贾谊实在有点欠妥，慢慢地就不太理他了。

贾谊太困惑，加之年轻气盛，就不断地给皇帝写信，表达自己对于政治的见解，对于治理国家的见解。不写还好，越写越糟，干脆，在大老粗周勃和黄头郎邓通一外一内的紧密撺掇下，贾谊被贬到长沙，去给长沙王当老师去了！那一年，贾谊才 23 岁。

长沙离长安够远的吧，看你还一直乱说！

贾谊一路南行，一路叹息，唉，为何自己的命运如此多舛啊？

多舛吗？其实也还好啊，到长沙也是当领导啊，宫斗那么厉害，眼不见心不烦不也挺好吗。可惜他不这么想！他还年轻，总想经世治国，搞点大动作，就像当年的屈原。

就这样，贾谊一路叹息来到了湘水边，在当年屈原自沉离世的地方，他忍不住感慨万千、泪如雨下，因为他的经历和屈原太像了。一篇洋洋洒洒的《吊屈原赋》就此诞生，他大声咏读完后放入湘水之中，随水逐屈原而去！

如果单从文学性来说，这篇文章真是汉赋的经典之作。全篇文辞清丽，抒情浓郁。为啥？重点就在真情实感、感同身受！

"辞清而理哀"，是刘勰对《吊屈原赋》的中肯评价。

客观来说，贾谊的赋是秉承了楚骚的余绪——与屈原命运类似，所以最能心领神会《离骚》之苦，也由此奠定了汉代骚体赋的基础。对，除了《吊屈原赋》，后来还有一篇《鹏鸟赋》，成为汉赋发展的先声。汉赋由贾谊开始，到司马相如时发展成为散体大赋，到达赋这种艺术形式的顶峰，这也是赋能够作为汉朝文学代表的原因所在吧！大家要了解，这个建功之人就是此刻我们正在讨论的贾谊！

好，除了文学性，我们再来讨论一下这篇文章的内容。为什么需要重点关注内容？因为贾谊已经距离我们两千多年了，很多历史真相已经蒙上了厚厚的尘埃，但他的文字不会骗人，他最真实的思想状态就在他曾经书写的字里行间。

在《吊屈原赋》中，贾谊不仅深深地同情屈原，也狠狠地为自己愤慨，他觉得不管是屈原面对的，还是自己如今参与的，都是一个善恶颠倒、是非混淆的黑暗世界。"鸾凤伏窜兮，鸱枭翱翔。阘茸尊显兮，谗谀得志；贤圣逆曳兮，方正倒植"。

首先我们肯定地说，屈原当年面对的楚国政坛确实是够差劲的，但是贾谊说自己现在面对的也是这样一个世界，这个说法其实还是蛮值得商榷的。

第一，汉文帝目睹了吕后的种种恶行，外戚专权的专横跋扈，内心估计早已经万马奔腾，但他自己无权无势无有依仗，战战兢兢之中与自己的母亲只图自保而已。这样凶蛮的环境中成长起来的汉文帝，其性格必定柔弱一些，他自己不是也说吗，三年都没睡一个好觉！为什么没睡好觉，因为担心害怕呗！宫廷斗争你死我活，他见识太多了！那么他偶然得到梦中让他安心的黄头郎，甚至后来听了一些不该听的话，如果不涉及社稷根本，贾谊是否应该给予理解、体谅？并不是一味地往前冲就是好的，政治有时是一种回旋的艺术。好比后来清朝的乾隆，他身边有纪晓岚，但也还有和珅吗！

其二，汉文帝在外戚专权刚刚结束的时代背景下即位，客观上确实需要稳字当先，以柔相待。他本人也是励精图治，在柔软的政策下，慢慢地引导汉朝一点一点进入强盛安定的好时期。他和他的儿子汉景帝所在的时期，还被称为文景之治呢！这样的时代怎么能跟屈原当时面对的楚国一样？

确实不一样。

但如果你仅仅站在贾谊的立场，又或者有其相似之处。贾谊确实有才华，这个在河南省的治理中已经得到了证明。贾谊被武夫周勃和小人邓通各种诋毁，贾谊被流放，贾谊有志不能伸，有劲无处使。这些也确实和屈原的情境相像。

贾谊在湘水边继续思考，他不能赞同屈原当年的以身殉国，他认为屈原最终的不幸在于他未能"自引而远去"。但是屈原要远去到哪里，引于何处，贾谊也没有给出答案——屈原曾经漫天遍野、四海八荒寻找人生的答案，可是身体走到哪里不重要，关键是他的心得不到平静，无法安顿的灵魂，逃到哪里都是枉然。

面对同样被流放的命运，贾谊主张的是"远浊世而自藏"，在乱世之中先好好保全自己。"国其莫我知兮，独壹郁其谁语？凤漂漂其高逝兮，固自引而远去。袭九渊之神龙兮，沕深潜以自珍。"——留得青山在，不怕没柴烧。但不同在于，汉朝的未来是值得期许的，而楚国的未来，屈原早已经看透了。还在期许的贾谊主张好好活着以待来日，看透的屈原决定赴死，舍弃那个时代。

谁都没有错。

是啊，感觉贾谊在凭吊屈原的时候，关于接下来要如何自处还是想得比较明白合理的，但是后来的行动证明，他并没有按照这个思路去执行。

贾谊在长沙工作，虽然南地蛮荒，但毕竟他是长沙王的老师，住的地方倒也清静雅致——长沙现在仍存有遗址，笔者也曾前往拜望，故居不大，但也幽雅清静，里面还有贾谊当年自己开凿的水井。

办公环境好，工作又不多，贾谊就有了更多的时间研究学问。——这状态如果放在屈原身上，应该也还算过得去吧？如果放到后来的苏轼身上，那简直就是天堂了，学会适应不同的角色，在不同的地方发现生活之美，本来就是老苏的强项啊！可贾谊不，他还是忧愤啊，为国为民，忧愤不已。就算人在长沙，还是不停地上书给文帝，建议他改革机构设置、改革服装颜色、改革日历、存储粮食、削弱诸侯王的势力。——他似乎忘记了他在凭吊屈原时说过的话。

是的，他心里太急，所以很容易就忘记了当日在湘水边上的梳理。

那么，他说的那些建议到底对不对呢？很多都是对的，只不过太急了，改革很多时候都是需要一个契机的。某种程度上也可以说，贾谊超越了当时，他看得很远，走得太快了。如果贾谊生在汉武帝时代，那就绝对是汉朝之幸，也是他本人之幸了！

我们来看看贾谊当年的建议。

贾谊是有大视野的人，汉朝是接着秦朝而来，秦朝那么一个厉害的王朝，为什么十几年间就被推翻了？这是贾谊站在历史的大空间里，首先认真思考的问题。思考的结果就是这篇文章《过秦论》——被鲁迅称为"西汉鸿文"的一篇洋洋洒洒的好文章！

《过秦论》，意思很简单，就是讨论秦朝的过失。贾谊最后的归结点是："仁义不施而攻守之势异也。"——缺乏仁义，残暴统治，是秦朝灭亡的根本原因！

为此，贾谊主张汉朝一定要仁治——这是他所有政见的核心点。

贾谊看到富商大贾与各诸侯王明里暗里各种勾结，有恃无恐，还要农民辛苦劳作供给他们各种生活资料，农民太苦了！贾谊建议重视农民，提倡俭约，反对奢侈，削弱诸王的权力。——关于俭约这点，汉文帝其实已经亲自做表率了。那时候本来已经有了布鞋，草鞋什么的都是农民才穿的。可是汉文帝还是穿着草鞋上殿办公，他的龙袍也是用一种很粗糙的丝做成的，就这样，破了洞还要一补再补，真是新三年，旧三年，缝缝补补又三年。汉文帝节俭自然是他本性仁厚，但他当然也希望通过自己的行为在全社会引领一种节俭之风，他秉性柔又得稳字当先，所以只能用这种方式提醒诸王注意节俭，不要穷奢极欲。

文帝当年没有听贾谊的，可能确有理由。但终于养虎为患，汉景帝时，吴楚七王叛乱，证明了当年贾谊的眼光！诸王的势力被削弱，要到汉武帝时发布推恩令，而这正是贾谊当年"众建诸侯而少其力"的建议！

文帝二年，贾谊还在中央工作的时候，就上呈过《论积贮疏》，论证加强积贮的重大意义，说白了就是手里有粮，心里不慌。可是怎么才能储备足够的粮食呢，那就要好好发展农业。贾谊还说了，商人买卖奴隶，不尊重国家制度，影响了农业生产，要重农抑商。——其实，汉高祖曾经下令商人不得衣丝乘车，还对其重收租税以困辱之。但是到汉文帝时，虽然法律仍然"贱商人"，但"商人已富贵矣，百姓皆背本趋末"。贾谊提出的这个主张在那个农业时代是对的，商人吗，就是把东边的买卖到西边去，他们其实不能生产东西的。那时候由于战争、天灾，人民经常没粮食吃，所以需要积极储备粮食，重视农业需要全社会的共识和努力。

汉文帝其实也明白，但他们的不同之处在于，贾谊觉得应该发布政策，立马执行；文帝觉得要慢慢来，慢慢引导。不仅如此，文帝还实行了很多阶段性的惠商政策，"文帝之时，纵民得铸钱、冶铁、煮盐"。因而出现一些富商大贾"财或累万金"。——这点贾谊就很想不通了！

好吧，贾谊想，您慢慢引导也就算了，但是怎么能允许私人铸钱？这样货币市场不是全乱套了吗？绝对应该由中央垄断造币的原料，也就是各种铜矿，然后统一铸钱。

贾谊这点说得对啊，可惜文帝未执行，为啥未执行呢？因为那个黄头郎邓通。那时全国最大的私人铸钱商正是文帝的精神支柱、安眠药邓通！

说实话，这就是文帝的不对了，这已经不是单纯的私人感情，或者你高兴了赏他几匹绸缎的问题了，这已经涉及国之根本了！

　　但是文帝没有采取措施，所以后来汉朝币制真的很混乱。贾谊的货币主张要到汉武帝时才真正实现。

　　关于如何对待汉朝的宿敌：匈奴。

　　那时候的汉朝刚刚建立不久，需要一段相对稳定的时间来自我发展。据此，贾谊提出了儒法结合的战略思想，也就是以厚德怀服四夷，然后再辅以"三表""五饵"之术。所谓三表就是立信义、爱人之状、好人之技。五饵则是赐之盛服车乘、盛食珍味、音乐妇人、高堂邃宇、府库奴婢，亲近安抚。

　　贾谊对自己这一套方法很是自信，曾经毛遂自荐，请求亲自到北地实施。可惜的是，当时汉朝的国力还没那么强，财富也没那么多，没办法完全付诸实施。但汉文帝部分采纳，也还是在一定程度上发挥了作用，为西汉赢得了 30 多年安稳发展的和平环境，并为汉武帝最终战胜匈奴奠定了实力基础。

　　看过以上四点，真的可以说，方方面面，贾谊为这个国家操碎了心！但正像我们说的，贾谊的观点太超前了，有时是时代背景配合不上，有时可能是皇帝的性格配合不了，也有可能是国力问题。总之贾谊的很多良心建议在当时都没有得以实施，贾谊很惆怅！

　　惆怅的贾谊已经在长沙这个荒凉之地待了三年。

　　那年四月，黄昏，有一只大鵩鸟飞进贾谊的房间。鵩，不祥鸟也。贾谊以为自己长期谪居长沙，气候潮湿，寿不得长，于是做了一篇《鵩鸟赋》来自我疏通、自我安慰。——贾谊在这篇文章中所表现出来的老庄思想，算不算他由儒入道的转变？我认为是不算的，他想要入世、成就一番大事业的渴望从来都未曾变过，只是在生死面前，偶尔借用道家理论来想明白一些事情罢了。

那一天，晚春的太阳将要西斜时，有一只鵩鸟停在我的屋子上。它停在座位的一角，意态很是从容。有怪物停栖于此，我暗暗怀疑它飞来的缘故。打开书本占卜它，预示说"有野鸟进入房屋，主人即将离去"。我于是请求向鵩鸟发问："那我将要到哪里去呢？如果有吉事，你就告诉我，即使有凶事，也请你说明。死生迟速的吉凶定数啊，请告诉我期限吧。"鵩鸟叹息着，昂起头张开翅膀，张口却不说话。

那一刻，贾谊似乎听到了死亡的号角，他因此感受到强烈的震动，不由得开始思考起宇宙、生死、祸福这些人生必须面对的大事。

"祸兮福所依，福兮祸所伏；忧喜聚门兮，吉凶同域。"什么是福，什么是祸，福和祸其实总是相依相伴的啊！

那么什么时候有福？什么时候有祸？"天不可预虑兮，道不可预谋；迟速有命兮，焉识其时。"意思是说天命如何安排，人是不可能猜透的。祸福生死，早来晚来都是命中注定的吧，凡人怎么能知道那个具体的时间呢。

那么处在天地之间的人，应该怎么办呢？他说，万物都生长在天地间，而天地就像是一座大大的火炉，造化好比制作工艺，阴阳变化好似引燃炉火的炭，而我们呢？就是那炉中被千煅万烧的铜。

贾谊的结论是：既然如此，既然人生在天地之间而不可逃，那何不坦然面对呢？人生就如同一根浮木漂在水上，走或者停都要看水流的动力了。既然如此，不如把自己的身躯完全托付给命运，任凭自然，活着就仿佛随波逐流，死去就好像休憩长眠。

在可能发生的生死面前，坚定的儒家思想践行者贾谊学会了用道家思想来解脱自我。其实，儒家和道家就像每个人的手心手背。儒家的核心理念是入世，强调人生要有一番作为，要修身齐家治国平天下。道家强调的是出世，要成全的是个人的人生追求。先秦以后，儒家的入世和道家的出世就像一条路的两端，几乎所有的士人终其一生都在这两端之间无限徘徊。有的前半生在 A 点，后半生在 B 点（比如白居易）；有的一生都坚持靠近 A 点或 B 点（始终靠近 A 点的比如韩愈和杜甫，始终靠近 B 点的比如竹林七贤）；有的则在两端之间循环往复无限纠结（比如柳永）。

儒家好还是道家好？入世好还是出世好？这是一个很难一概而论、永远没有正确答案的问题。很多情况下，它取决于当时的大环境、人生处在哪个阶段、本人的性格学识、志向和梦想等等。

应该说，贾谊是始终在 A 点附近活动的儒家，用道家思想来想明白某些事情，只是偶然为之。

偶然为之的贾谊豁然开朗，他在文章结尾总结说，既然都看明白了这样深刻的道理，像鹏鸟飞入舍内这种琐碎小事，又有什么好值得疑虑的啊？

一只鹏鸟偶然飞入屋内，竟引起贾谊这么多曲曲折折的思考，也引出洋洋洒洒这一大篇文章，足以说明他是个非常细腻、敏感、情感丰富的人——也许正是这个特点，将在后来，决定他的生死！

好吧，为以上种种，种种谏言和感慨，远在中央的文帝真的感动了，又把他给调回了中央。

前后算起来，他在长沙总共待了三年多。

据说那天，文帝刚祭祀完鬼神回来，正寻思鬼神的事情呢，贾谊就在门外求见。于是马上将他叫进来，一起席地而坐，对谈，这就是李商隐那首著名的《贾生》描写的情景："宣室求贤访逐臣，贾生才调更无伦。可怜夜半虚前席，不问苍生问鬼神。"意思是文帝跟贾生讨论鬼神讨论得相当入迷，不知不觉之中一直在向贾谊这边靠拢。据说这次讨论完后，文帝曾说过这样一句话：哎哟，我以为我这几年已经学了很多知识，没想到还是不如贾太傅博学啊！

虽如此，文帝暂时还是没让他直接参与政事，而是安排他去做自己的儿子梁怀王刘揖的太傅。

算不算重用呢？我觉得很算。

因为这个梁怀王是文帝特别宠爱的儿子，将来很有可能做太子，登基成为下一任皇帝的。那文帝让贾谊做他的老师，不是一种重用吗？如果一切顺利，贾谊就是未来皇帝的引路人、贴心人啊，到时候贾谊的治国理念不都可以一一实现了么？

可惜的是，特别遗憾的是，后来梁怀王骑马出去，不小心从马上摔下来，死了！

贾谊就很是自责啊，觉得是自己的问题，是自己没有看护好梁怀王，于是整日以泪洗面，无心饭食。一年之后，年仅 33 岁的他，去了！

梁怀王骑马出去这件事，贾谊事前是否知道，已经无从考证了。但理性分析来说，在那个需要骑马作战的时代，梁怀王日常需要练习骑马似乎也是很正常的。后来毛泽东曾经有两句诗"梁王堕马寻常事，何用哀伤付一生"也足以说明，这是完成正常练习时发生的偶然性伤亡事件！

三 身后

世人都觉得，贾谊真的完全不用这样悲伤逆流成河，不应那么英年早逝的。可能是他真的太敏感细腻，情感丰富，一时之间很难做到以理化情吧？

如果他当年能不那么心急，如果他能对那个时代多一点体谅，或许就不会那么忧愤，就能多一点平和。多一点平和，他就会留着生命以待来日。即便梁怀王死了，文帝也还有其他的儿子能撑住天下。天下还在，他也还是有用武之地的，汉朝需要他，天下人也需要他！

文帝之后的景帝，治理天下也很不错，还和他的父亲一起创造了"文景之治"的良好局面。

只可惜贾谊没有等。他说："且夫天地为炉兮，造化为工；阴阳为炭兮，万物为铜。"他把自己放入炉内，融会进了天地。

多少恩怨一时了，是非成败转头空。

真的就转头空了吗？对大多数人可能是这样，但对一直有着超前眼光的贾谊，就不是这样的了，应该说，他的政治见解才刚刚开始被实施，对，他的政治生命在他的肉身去世之后，才刚刚开始。

贾谊有大才而一生未得重用，笔者以为有两个方面的原因：

一是与时代背景有关。汉朝初建需要休养生息，文帝、景帝又都是奉行黄老学说的，追求的是无为而治。坚定的儒家代表贾谊与以道家思想为宗旨的大时代之间，必然存在冲突。

二与他本人的性格有关。他智慧勤奋、单纯敏感，一心一意想要为国为民做点什么。可是政治从来都是很复杂的艺术，他可能需要更多的隐忍，更久的静待，还要掌握更多斗争、回旋的技巧，就像刘邦身边的高人陈平那样。可惜他天性难以如此，即便是短暂的同流合污，对他也是一种耻辱，他的性格很像刚正不阿的屈原。复杂的政治舞台容不下智慧勤奋又单纯敏感的他。

他年仅33岁就忧郁而死，直接导火索是梁怀王坠马而死，其实深层的原因还是他再也看不到实现心中抱负的希望，于是他选择了放弃。

他虽然没有实现自己的一腔抱负，但他无疑是孔子创立儒家思想之后，始终践行儒家思想的第一个大儒！他在民本思想、"仁"的思想、教育思想等几个方面都对儒家思想有所继承和发展，为后来董仲舒建立新的儒学体系打下了坚实的基础。

在他死后11年，文帝也去了，文帝的儿子汉景帝以及景帝的儿子汉武帝一条条采纳了他的建议，为了表彰纪念他，汉武帝还把他的两个孙子招进中央做了官，据说有一个还做得很不错呢！

在贾谊之后，华夏历史上又出现了很多一生一世为国为民的儒家，比如唐朝的韩愈和杜甫，宋朝的欧阳修和苏轼，明朝的张居正，他们的人生经历和身份地位差别都很大，但究其思想内核而言，他们都是真正的儒家，儒家有两个明显标志：以民为本和仁政思想。

有人说梁漱溟是中国最后一位大儒，他曾经说过："我不能死。我若死，天地将为之变色，历史将为之改辙。"千万别以为他是口出狂言，这句话里面，埋藏着一位耄耋老人、中国最后一位大儒拳拳的赤子之情，殷殷的为国为民之心。

儒家就像一颗种子，沿着华夏民族的血液代代相传，遇到对的人，它便开出绚烂的花，连缀起华夏民族的风骨，从未间断……

司马相如

褒贬如此不一，他到底是谁 »»»

西汉太史公司马迁一生费尽心血，用 52 万字写了之前华夏民族 3000 年的历史。3000 年的历史，52 万字，所以能进入《史记》的人，都不是一般的牛人。进入《史记》的文学家，数来数去，也就只有三个人，屈原、贾谊和司马相如。其中屈原和贾谊是合传，只有司马相如是单人成传。

不仅单人成传，而且篇幅还很长。在《史记》列传中，凡 8000 字以上的都叫大传，排名第一的是秦始皇，9400 多字；排名第二的是李斯，9200 多字；排名第三的，就是司马相如，9100 多字！不言而喻，司马迁是喜欢他的。

后来的人也很欣赏他，汉朝的班固、南北朝的刘勰称他为"辞宗"，宋朝的王应麟、王世贞称他为"赋圣"。就连鲁迅先生也曾说过："西汉文章两司马，赋莫若司马相如，文莫若司马迁。"

司马相如的赋写得好，但是为什么赋会在西汉蓬勃发展起来并最终成为汉朝文学的代表形式，就像唐诗、宋词、明清小说一样？

一 宏大的时代需要宏大的散体大赋

公元前 202 年，刘邦在一帮人的辅佐下建立汉朝。以此为开端，它将在接下来四百多年的时间里带领华夏民族以大一统的状态浩浩汤汤地发展前进。总体来说，它庄严而温和、雄浑而厚实，这是中国历史上难得的一大段长久而繁荣的大帝国时代。

大帝国需要文学，而文学的发展首先是继承。汉朝的文学继承的就是发端于战国时期的散文——赋。

赋本来是西周时的一种写作手法，我们常说《诗经》有六艺，风雅颂、赋比兴，其中风雅颂是诗歌的内容，赋比兴是诗歌的写作手法。

从写作手法一变而为一种又说又唱的散文名称，本来是在战国时代就有的事，具体来说，赋的开始应该是从北方的荀子以及南国屈原的学生宋玉算起。

荀子写过五篇赋，每一篇都是从各个角度去描写一个事物，但直到最后才说出他描写的对象是什么。这就是最开始时赋的写法——采用大量的铺陈，猜谜式的写作手法。

宋玉据传是翩翩美少年，人长得漂亮，文章也写得好。杜甫有诗曰："摇落深知宋玉悲，风流儒雅亦吾师。"说明宋玉在文人心目中的重要地位。他传下来的赋有《高唐赋》《神女赋》《登徒子好色赋》等。宋玉是屈原的学生，他的赋更多地继承了楚辞的特点。

到汉初，以贾谊、枚乘等人为代表的赋家，又继承了宋玉散文的特点，这就是我们后来所说的"骚体赋"。骚体赋大多是抒发一种怀才不遇的不平，偏于个人情感的表达。

但随着天下统一后经济发展，尤其是"文景之治"以后，人民安居乐业，汉朝国力大增，一个雄浑大气的汉朝慢慢诞生了。与大时代相适应的赋，也逐渐由抒发个人情感演变为有独立特征的散体大赋。

可以说，散体大赋才是汉赋的主体。大赋一般都篇幅巨大，文字铺排，气势壮丽，辞藻华丽，虽然有学者认为其思想价值乏善可陈，真情实感也难以寻觅，但面对这座缺少了灵魂的大房子，你也不得不承认，它确实修建得好，建得高，建得威武雄壮气势如虹！

赋是汉朝文学的代表形式，所以说起汉朝，不得不提汉赋；说起汉赋，就必然少不了司马相如！

司马相如成长在那个富丽繁荣的大时代，赋又刚刚好经历了从荀子、宋玉到贾谊、枚乘等人一路的铺垫，一个成熟的时代，遇见一种成熟的文学，再加上富有才华的司马相如，一切都是刚刚好——司马相如和散体大赋就这样在历史长河中的这个点遇见，而且互相成全了！

但是，奇怪的是，就在对司马相如各种好评如潮的同时，在另外一条线上，并行的却是对司马相如是御用文人、劫财劫色的渣男等极为负面的评价。

褒贬如此不一，他到底是谁？

二 他是一代赋圣还是御用文人

想要弄清楚这个问题，我们首先要了解他的人生故事。他的人生故事大都记录在《史记》中。

《史记》是这么介绍他的："司马相如者，蜀郡成都人也，字长卿。少时好读书，学击剑，故其亲名之曰犬子。相如既学，慕蔺相如之为人，更名相如。以赀为郎，事孝景帝，为武骑常侍，非其好也。会景帝不好辞赋，是时梁孝王来朝，从游说之士齐人邹阳、淮阴枚乘、吴庄忌夫子之徒，相如见而说之，因病免，客游梁。梁孝王令与诸生同舍，相如得与诸生游士居数岁，乃著《子虚之赋》。"意思都很明白，需要备注说明的有：

1. 司马相如的小名叫犬子，犬子后来成为文化人对自己孩子的一种贱称，就像称自己的媳妇为贱内。——犬子这个称呼算不算是从司马相如开始的呢？

2. 司马相如在西南边陲长大，司马迁说他是四川成都人，但据现在各种考证，好像他更应该是四川蓬安人！

3. 司马相如从小就喜欢读书，那么他那时候读的会是什么书呢？探究这个很重要，因为往往小时候接受的思想会在很大程度上影响他以后的文学思想，甚至他整个的价值观。

司马相如是成长在汉景帝时期的，汉景帝和他的父亲汉文帝一起打造了"文景之治"的良好局面，说白了其实就是不动干戈、减免税赋，让大家休养生息安居乐业。

为什么当时会采取这种政策呢？

不仅因为秦朝苛政猛于虎的恶果还历历在目，而且汉朝刚刚建立不久，在汉高祖死后又被吕后带领的一帮外戚祸乱了一阵，整个社会现实也确实需要休养生息。另外，这种相对怀柔的政策也与文帝、景帝两位皇帝的本身性格以及他们母亲的教导有关——文帝的妈妈薄姬，当年在宫中各种被忽略被冷落，只是因为一次偶遇，刘邦突生怜悯之心而宠幸了她。她虽然因此怀孕，可在宫中的待遇并没有提高，她一个人安安静静地怀胎，安安静静地生养。后宫各种恶斗，都与她无关，她越来越变成一个与世无争的人，寄情黄老之说。在她的教育下，汉文帝从小也是心境淡薄，对宫斗、王位根本缺乏热情！

后来薄姬的儿媳妇，也就是文帝最宠爱的妻子窦漪房，也是个苦命的人，像她婆婆一样钟情于黄老之说，窦漪房的亲生儿子就是汉景帝。所以，在薄姬和窦漪房两位母亲的影响教育下，汉文帝和汉景帝走的都是道家无为而治的路子。

那么生活在这一时期的司马相如，诵读的书籍应该也是道家居多——小时候的启蒙教育是道家思想，这个先入为主的起点很重要！

4. 司马相如本来叫司马长卿，因为特别喜欢蔺相如的故事，后来改名为司马相如。

蔺相如最重要的成就就是完璧归赵和渑池之会，由此我们可以看出，小时候的司马相如，他的人生理想其实是做一名出色的政治活动家，后来阴差阳错成了一名文学家，甚至还成了追求自由爱情的代表，那就真是命运的安排了。当然，他后来终于有机会去做政治活动家的时候，他也确实做得很不错的——不过这并不是他人生的主要部分。

5. 司马迁说得很明白，司马相如"以赀为郎"，意思是说他长大后（据论证，大概在 18 岁左右）花钱捐了个官。什么官呢？就是汉景帝的警卫，专门负责在景帝打猎的时候骑马保护在侧。

司马相如从小的梦想是成为像蔺相如一样口才好、有胆略的人，所以警卫保镖的工作，他不太喜欢。

命运的转机很快出现了。

汉文帝和窦漪房生了两个儿子，其中一个儿子就是汉景帝，另一个小儿子就是梁孝王刘武。窦漪房特别偏爱这个小儿子。刘武当年基本上就是享受着皇帝般的享受、却不用担负皇帝的责任那种；他打猎的园子基本可以跟皇帝大哥媲美；他身边围绕的，除了成群的美女，还有很多文人雅士，比如当时的写赋能手枚乘，有一个成语"倚马可待"就是形容他写文章非常快，你只要靠着马等一下就可以了。以梁孝王刘武为中心，这么大一批人整天就是喝酒作诗，打猎跳舞，过得跟神仙似的。

具体不知道是因为什么机缘，司马相如很快就结识到了梁孝王刘武。他一表人才又腹有诗书，梁孝王很中意。于是司马相如干脆辞职，跟着他走了！

6. 在梁孝王那里七年的生活经历，对司马相如影响很大。

聚集在梁孝王身边的邹阳、枚乘、忌夫子等人，都是有思想有文化的前辈，尤其是当年和贾谊齐名的枚乘，赋写得极好。他们平时少不了对司马相如指点教导，交流切磋，司马相如本来文学底子不错，一经点拨很快就写出了让大家拍手叫好的佳作《子虚赋》。

这篇《子虚赋》有多好呢？据说后来新继位的汉武帝读了以后，十分感慨，甚至还流泪了，他说：到底是哪个古人写得这么好的文章？只可惜我不能和这个作者同代啊！

十分巧合的是，汉武帝感叹这句话的时候，旁边站着一位服侍皇帝的人，就正好是司马相如的老乡。这位老乡就赶紧说了：这个作者还活着呢！接下来自然是立马召见当官，司马相如的政治生命又重新开始了！

其实从他写出《子虚赋》到被汉武帝召见，这中间发生了很多事，首先就是梁孝王的死，围绕在他身边的一群人也都各自散去了。无处可去的司马相如回到了自己的家乡，后来经人介绍，成就了和卓文君的姻缘。在他和卓文君因为贫穷当街买酒之后，才有了汉武帝召见、政治生命重新焕发生机这一段。

进宫后的他为了表现自己的实力，迎合汉武帝喜欢被恭维的心理，很快就写出了另一篇更辉煌的散体大赋《上林赋》。

上林，就是皇上打猎的林子，《上林赋》就是专门描写这个神秘的林子的！正是这篇大赋，奠定了司马相如的"赋圣"地位。

这篇大赋到底好在哪里呢？

结构的巧妙安排：本来是写园林，却不直接说，反去引用了三个人，分别是来自楚国的子虚先生，来自齐国的乌有先生，以及汉朝的亡是公先生，三人聚餐时，子虚先生先谈，说楚国多么多么富有；然后乌有先生接着谈，齐国物产多么丰饶美女多么妖娆；最后是亡是公出场，一番洋洋洒洒上天入地四海八荒，甚至把只在《山海经》中出现过的神仙、动物都引到上林苑中来了，全国各地的物产自然也都不约而同长到园子里来了，各种富丽绚烂、奇珍野味、人间天堂、神仙聚集、仙乐飘飘！——从来自不同地域的三个人的对谈比较中，凸显上林苑的富有、豪华、庞大，结构的安排确实很巧妙！

语言华丽、气势轩昂："……径峻赴险，越壑厉水。椎蜚廉，弄獬豸，格虾蛤，铤猛氏，羂騕褭，射封豕。箭不苟害，解脰陷脑，弓不虚发，应声而倒……"全都是描写打猎时的场景，有很多奇怪的字，不必较真去找答案，因为那些动物很多是从《山海经》中走来，现实中可能根本就不存在。

打猎打累了，需要娱乐活动："于是乎游戏懈怠，置酒乎颢天之台……奏陶唐氏之舞，听葛天氏之歌，千人唱，万人和，山陵为之震动，川谷为之荡波。"——确实是用词轩昂，气势如虹！

多处引经据典，文化底蕴深厚。

"布结缕，攒戾莎，揭车衡兰，槀本射干，茈姜蘘荷，葴持若荪，鲜支黄砾，蒋芧青薠，布濩闳泽，延曼太原……"里面有很多奇怪的、常人都没怎么听说过的植物的名字，让人很难猜透他是从哪儿看来的，或许是从神农氏的传说里面、从《山海经》里面读来的吧？由此可见司马相如读过的书真不少，不仅读过，还能随处拿来用，更是不一般！

劝百讽一的奇妙结尾。

司马相如的赋，一般都是在各种隆重的铺排渲染、绮丽的上天入地之后，在结尾处暗暗地说一句：但是人生也不能太奢靡了，还是要节俭过日子的！

这个奇妙的安排，经常令人质疑。司马迁是这样说的："相如虽多虚辞滥说，然其要归引之节俭，此与《诗》之风谏何异。杨雄以为靡丽之赋，劝百风一，犹驰骋郑卫之声，曲终而奏雅，不已亏乎？"劝百而讽一，司马迁也觉得意义不那么大！

可是不管怎么说，这篇《上林赋》呈到汉武帝面前，汉武帝龙颜大悦！

除了这篇集合了他所有智慧、才情的《上林赋》，他后来还为皇帝写过一篇《大人赋》："相如拜为孝文园令，见上好仙，乃遂奏《大人赋》。"——注意这个开头，看皇帝喜欢成仙成神这些东西，于是呈上一篇《大人赋》。这句话就很明白地说出了这样一个事实：司马相如在皇帝身边服务，其实他就是一个御用文人。

御用文人的文章就一定不好吗？不是的。

唐朝的李白入宫那一段时间也是专门负责为唐玄宗和杨玉环写应景诗的，那句流传千古的"云想衣裳花想容，春风拂槛露华浓"就是为杨玉环而写的；那句看起来很厉害的"天子呼来不上船，自称臣是酒中仙"也说明皇上随时有需要，他就得随时进宫。

中国的知识分子中，有一些人就是以此为职业的，虽然说写文章的缘起是为了讨皇上开心，但这并不能掩盖他们的文章、诗歌本身确实很精彩的事实。当然，御用文人中也有一大批只知歌功颂德、拍马溜须的，但没有个人思想的文章毕竟经不起时间的冲刷，很快便会沉入河底——时间是最好的检验！

所以说，司马相如是御用文人，可能还是看着皇帝脸色行事的跟屁虫。他是臣子，仰人鼻息，这样的立场恐怕也是不得已，但他的文章确实写得气势如虹这也是事实。

还有一点，他自小读黄老之说，深知天道轮回，一切都将终于虚无，所以他总是有意无意在文章的最后加一个警示的小尾巴，甚至文章的人物名字都设置为"子虚""乌有""亡是公"，其中藏有深意。但因为要拿给皇帝看，所以不敢多加。如果说，前面所有的铺排、华丽，就是闪闪发光的皇帝，那么最后那个灰扑扑的尾巴，可能就是他自己吧？他留一个尾巴在那里，希望后人明白他的不得已。

繁华富丽、需要大量铺排描绘的汉朝，有一天也会走向落寞。司马相如时期辉煌的散体大赋，也总有要收缩、回归到内心的时刻。

西汉末年，散体大赋已经失去了它存在的社会基础，大赋于是逐渐衰微，而抒情、言志的小赋开始兴起。从大到小、从长到短，从赞颂大国到关注个体，从声势浩大的大家闺秀变成清新可人的小家碧玉，从外表的华丽到内心的忧伤，文学的发展始终与时代的变迁息息相关。

所以说，在文学历史的长河中，司马相如和散体大赋在最合适的时刻遇见，他们互相成全，然后互道再见。一如那年李白遇见了诗、李清照遇见了词、曹雪芹遇见了小说……

三 他是翩翩佳公子还是劫财劫色的渣男

如果说文化人关注第一个主题比较多，那么市井百姓关注第二个主题的热情就更多了。

这第二个故事还得从第一个故事那里说起。

十八九岁的司马相如做了汉景帝五年的警卫，又跟着梁孝王七年，现在算算，他已经快三十了！孔子说，三十而立，可是司马相如呢，事业没有，就连个媳妇也没有！

那年，梁孝王死了，他不用担心柴米油盐的好日子到头了，接下来该怎么办呢？

《史记》是这样说的："会梁孝王卒，相如归，而家贫，无以自业。"他回到一贫如洗的家，还找不到工作。

跟着梁孝王过惯了好日子、天天诗酒茶的他，除了一点风雅气度，写得一手好文章，很难说还有什么其他的技能。

来到了人生十字路口的他，接下来该何去何从呢?

一个关键的人物出现了!

这个人其实和司马相如并没什么深度交集，可是他的出现却影响了司马相如的一生，对，还有卓文君的一生。

这个人就是王吉，司马相如的一个朋友，当时的临邛县县长!

偶遇卓文君这个浪漫爱情的开头，其实真是司马相如和王吉做的一个局，一个很周密的局。

这个局的前提条件是，男方司马相如除了有点帅和有点才，口袋里没有半毛钱;女方卓文君17岁之后就新寡在家，而且卓文君的爸爸生意做得很大，家里很有钱!

这个局是这么进行的:

第一步：司马相如一袭白衣飘飘而来，住在当时临邛最繁华的酒店!

第二步：县长恭恭敬敬天天跑去求见，司马相如有时见，有时不见，故意显得很神秘!

第三步：临邛县的小报议论纷纷，大家都兴致盎然，想知道他到底是谁!

第四步：卓文君的父亲卓王孙找到一个借口，宴请十里八乡。作为一方父母官的县长自然也要请来，请来的县长又千呼万唤，表示很不容易才请来了司马相如!

第五步：见惯大人物的司马相如姗姗来迟，一袭白衣，器宇非凡，宛若仙人下凡尘。

第六步：王吉按照之前的部署，饭局中间，毕恭毕敬献上一把琴，"劳烦您奏一曲可否"？司马相如"勉为其难"演奏了一曲其实早已排练很久的《凤求凰》。

"有一美人兮，见之不忘。一日不见兮，思之如狂。凤飞翱翔兮，四海求凰。无奈佳人兮，不在东墙。将琴代语兮，聊写衷肠。何日见许兮，慰我彷徨。愿言配德兮，携手相将。不得於飞兮，使我沦亡。凤兮凤兮归故乡，遨游四海求其凰……"很明显，这就是一封热烈的求爱信！

这首《凤求凰》琴谱和歌词都是才子司马相如写的，后来琴谱不知流落何方，现在人们弹奏的曲谱其实是来自元代王实甫的《西厢记》，因为《西厢记》的男主角张生要给女神崔莺莺弹奏此曲，所以作者录有曲谱，但无法确证是不是当日司马相如弹奏给卓文君听的那个样子。

具体情景据猜测应该是这样的。

司马相如在外面弹，卓文君躲在帘子后面听！

熟悉音律的卓文君反正是听得面红耳赤。直接的结果就是："文君夜亡奔相如。"卓文君当天晚上就跑到酒店去找司马相如了！

司马相如和王吉做的这个局，真的是因为爱情吗？从没见过面、没有过交集的两个人，要说爱，估计也爱不到哪里去。听王吉介绍了她的情况，觉得此时的她，漂亮、新寡、有钱，特别适合当时情形下的自己来选择，这恐怕是主要原因。

因为这个，估计琴弹得也很用心，情意绵绵、酣畅淋漓，司马迁用了五个字来形容当时的情况，"以琴心挑之"！这个"挑"字用得真是好，请大家回味！前些年有一部外国电影，翻译的名字叫

《情挑六月花》，很可能就是从这儿来的灵感吧？

女儿夜奔相如，卓王孙觉得太没脸面。《史记》里面写的是卓王孙大怒曰："女至不材，我不忍杀，不分一钱也。"女儿这么不懂事，我又不忍心杀她，反正我是一分钱都不会给她的！

另一边呢，这两人连夜跑回了司马相如在蓬安的老家，可是家徒四壁啊！于是两个人商量好，卖掉了所有能卖的，又回到了临邛。他们当街开了一家酒铺，这就是著名的卓文君当垆卖酒，司马相如洗杯洗盘。

为什么要回到临邛卖酒呢？估计是小夫妻故意要当着卓王孙的面卖酒，老岳父脸上过不去，必然得接济。

果然，富豪卓王孙那时候羞得都不敢出门了，本家兄弟就去相劝，卓王孙于是"分予文君僮百人，钱百万，及其嫁时衣被财物。文君乃与相如归成都，买田宅，为富人"。全靠岳父出手，司马相如成了富人！

司马迁比司马相如小 30 多岁，他记录的故事真实性应该是很高的。那么，你觉得他到底是浪漫爱情的男主还是劫财劫色的渣男？

爱情有时候真是很难说清楚的，重要的是过程还是结果呢？司马相如和卓文君的爱情始于一场局，却和和美美了一辈子；李清照和赵明诚始于一见钟情，后来却日渐冷却、产生分歧；张爱玲和胡兰成开始时那么互相爱慕，最后却在艰难的时世面前、在胡兰成见异思迁的现实面前，形同陌路。真能经得起岁月蹉跎的相守，就是真爱吧！司马相如和卓文君之间，即便开始有局，后来也一定是有情的！

四 他是政治活动家还是仙风道骨人

就这样，他和卓文君在成都过着闲适富裕的生活，大概十年之后，事情有了另外的转机。

这个转机就是我们在第一个主题中说的汉武帝对他的青睐，他第二次入宫，做了御用文人！

不仅写文章，汉武帝还派他去西南处理过民族矛盾。

插播一句，当年很生气的卓王孙看到女婿被汉武帝如此重用，深感后悔，觉得自己的眼光还不如女儿！于是决定：女儿可以和儿子平均分配自己的家产。在当时普遍重男轻女的时代，卓王孙能做出这个决定，真的很难得。而且，这个决定彻底解除了司马相如养家糊口的后顾之忧，让他有可能完全按照自己喜欢的样子去生活！

一直以蔺相如为人生理想的司马相如终于有了实现梦想的机会，他来到西南边陲的时候，正是当地少数民族部落对他的前任各种不满、随时准备闹事的时候。司马相如在路上就写好了一篇公告，一到地方，赶紧公之于众。

文章的大概意思是说，前面这个人确实做得不合适，但这绝不是皇帝的意思，皇帝还是非常爱惜顾念大家的。一个一个部落转发下去，先平民愤！

然后一步步展开说服工作，恩威并施，总之，通过一段时间的努力，各个部落最后都表示，有话好说，我们愿意继续臣服大汉！

接着司马相如还组织当地人修路修桥，要致富，先修路，甚至一直修到了边境站国门口！

司马相如在西南的这段时间，才算是他第一次接触真实的民间生活。民生之艰难，他第一次有了深切的体会，《难蜀父老》这篇文章就是此时写的。

这篇文章与他的大赋不同，不仅显示了他深刻的历史观点："盖世必有非常之人，然后有非常之事；有非常之事，然后有非常之功。非常者，固常人之所异也。故曰非常之原，黎民惧焉；及臻厥成，天下晏如也。"大概是说这世上总是有一些非常厉害高明的人，然后才有非常之事。做了非同寻常的事，于是建立了非同寻常的功绩。既然是非同寻常的人，自然与一般人不同。所以这些高人一开始做事，百姓们大多比较害怕，因为一般人是很难了解非常之人的战略思维的。但等到事情全都部署完了，大家才会明白高手的安排。在这篇文章里，司马相如还非常难得地暗讽了汉武帝急于建功、不顾百姓疾苦的实际状况，"继周氏之绝业，斯乃天子之急务也。百姓虽劳，又恶可以已哉？"——天子要急着发展像西周一样的绝世伟业，百姓虽然劳苦一些，又怎么能抱怨呢？大家都明白，司马相如其实是在正话反说！

可以看出，在西南边陲这几年，司马相如的思想是有一些变化的，从高高在上、不沾尘俗、四海八荒的瑰丽想象回到了现实的人世之中。

但可惜的是，这现实的人世没有留住他的脚步，他要的还是富裕休闲的好生活——他年少时受的教育、他的价值观决定了他不是一个儒家，他要的始终都不是仁政爱民的治世梦想。他喜欢蔺相如，他去西南工作做得也很出色，但这只是他人生的一个阶段，不是全部！

但你也很难说他就是道家，道家清静无为，讲究道法自然，但他很久都是看皇帝的眼色行事为文，与卓文君的爱情开始之时也是精心布局，所以他也不是道家。

或许，他只是俗世之中，做出了一个小我最佳选择的平凡人！

中国绝大多数的知识分子都在儒家、道家和佛教之间做选择，寻求自己的心灵皈依，比如杜甫、韩愈遵循的始终都是儒家，李白信奉的是道家，苏轼晚年寻找到的是佛家，梁漱溟年轻时信奉佛家，后来改变志向，终生为儒家。像司马相如这样什么家都不选、无需更深的心灵皈依就能安稳、安心生活到老的，还真不多。

但这也是一种选择，只要于社会无害，于人无害，所有人都该有选择自己生活方式的权利。

几年之后，司马相如辞官归乡，加上他有卓王孙的一半家产，亦不用为五斗米折腰，所以优哉游哉，晚年很是幸福快乐！

所有后来的赞扬或者批评，那都与他无关了。

司马迁

在耻辱中完成自己的历史角色 »»»

鲁迅说："汉武帝时文章，赋莫若司马相如，文莫若司马迁。"现在我们要说的就是太史公司马迁，他的文就是《史记》——用52万字写了华夏民族3000年的历史。

他是在写历史，但却不仅仅关注历史事件、历史人物本身，他会时常抽离到更高远的角度，关注总结更高层面的兴亡更替、天地大道，让后来人能够以史为鉴——这种撰写历史的方式可能是从曾任东周史官的老子开始的，老子为后世的史官们做了很好的表率，司马迁接力第二棒！

他写的是历史著作，可是却非常看重文采，所以真实的历史学也就成了可以欣赏的文学。——这个好习惯是从孔子作《春秋》开始，而司马迁在四百多年后，又扎扎实实做了一次绝世的回响！

《史记》52万字，共130篇。有描写帝王将相的本纪共12篇，如《项羽本纪》《秦始皇本纪》《高祖本纪》；也有描写诸侯的世家30篇，如《陈涉世家》《孔子世家》《魏世家》等；有十表，如十二诸侯年表，简单记录每年大事；有八书，如礼书、乐书、律书等；有七十列传，如单人传记《张仪列传》《伍子胥列传》《李斯列传》《春申君列传》等；也有把某些有关联的人合在一篇里面加以描述的，如《廉颇蔺相如列传》《屈原贾生列传》《刺客列传》《儒林列传》《酷吏列传》《游侠列传》《滑稽列传》，这里的滑稽不是我们普遍理解的滑稽搞笑之意哦，是一些深具奇才之人，多行奇异之术的故事，如东方朔；还有以地方为主题而写的列传，如《匈奴列传》《朝鲜列传》《西南夷列传》等。

《史记》被鲁迅誉为"史家之绝唱，无韵之离骚"，这一评价确实是很恰当很精妙的。

一 奇人，奇辱

如果说司马迁从小就是个奇人，估计连他自己的父亲都不会相信。

有的人天生就一副天才的样子，比如后来的初唐四杰；但有的人是慢慢地在岁月不断地磨炼、甚至深刻地压榨中，艰难困苦玉汝于成，最后一点点褪去平凡、青涩，变成了奇才。司马迁属于后一种。

平凡的他，连生卒年代也没有明确的记录，但据民国时期王国维先生的考证：司马迁生于公元前 145 年，也就是汉景帝中元五年，长大后人生的重要时段基本都在汉武帝时期。

弄清这个时间段重要吗？

非常重要。

这是一个安定、发展、越来越繁华富丽的大时代。在世代都是历史学家和天文学家家庭中出生的司马迁，少年生活舒适惬意。史书上说他是"耕牧河山之阳",在陕西韩城的肥沃土地上,日出而作,日落而息,不那么农忙的时候看看书,写写字。冬季休耕有大片空闲的时候,还可以出去会会朋友,谈天说地。

是不是很惬意?

后来,司马迁跟随自己的父亲来到了长安,父亲为他找了个很厉害的老师,于是他开始好好学习,天天向上。

那时候,正是汉王朝国势越来越强大,经济日渐繁荣,文化开始兴盛的时候,张骞奉命出使西域,卫青、霍去病大破匈奴,到处都是好消息,随处都是大热闹,正青春飞扬的司马迁碰上正青春活力的大汉王朝,一切似乎都是刚刚好!

而他的父亲除了正常工作——就是每天正常上班,记录皇帝的言行之外,也开始筹备一件大事,他准备系统地整理出中华民族之前数千年的历史,撰写一部规模空前的历史著作。

但那时候,汉武帝要做的事情很多,所以跟随记载他言行的父亲司马谈一直都很忙碌,眼看着时间一年一年过去了,年纪越来越大的父亲心里很着急!

看着日渐长大的司马迁,父亲把这份宏伟的希望寄托在了儿子身上。为了收集更为翔实生动的素材,司马迁 22 岁那一年,奉父亲之命开始到全国游历。

不管从哪种角度来看,这时候的司马迁也还只是一个比较听话、热爱学习的、平凡的好孩子!

在接下来的两年多时间里,他到处游历,尤其是历史名人曾经生活过的地方,重大历史事件曾经发生过的地方,都是他的必到之处。

他曾经跋涉到汨罗江畔，在当年屈原抱石沉江的地方，高声诵读屈原的诗，感受屈原当时的心情。

他曾经赶到韩信的故乡淮阴，向乡亲们打听韩信的故事，韩信那么高的个子，竟然从一个流氓混混的两腿之间爬过去，为什么当年他不干脆一刀把他给杀了？后来韩信帮助刘邦建立了汉朝，还封了王，他回了故乡，对那个混混说：如果当初我把你杀了，我就没有后来的建功立业，所以小不忍则乱大谋！

他曾经跑到曲阜去瞻仰孔子的墓，还和孔子故乡的一些儒生在一起揽衣挽袖，一步一揖，学骑马，行古礼，以此表达他对孔子的纪念。后来他在《孔子世家》中说："高山仰止，景行行止。虽不能至，然心向往之。"可见他对孔子是多么崇敬！

司马迁在几年的时间里，一路走、一路探访、一路思考，一路感同身受。正是此次漫游，让他获得了许多从古籍当中得不到的第一手历史材料，同时他又深入民间，了解了人民群众真实的生活状况。对司马迁此后的一生来说，这是一段极有意义、极为幸福的旅程。

因为以后，命运不会再给予他如此幸福的时光了！

那一年，喜欢干大事、也确实取得了很多成就的汉武帝要举行大规模的巡行封禅，步骑十八万，旌旗千余里，队伍排出去，真是浩浩荡荡一望无际！作为史官的司马迁的父亲司马谈却在这关键时刻生病了——要伺候这样一位精力旺盛的皇帝，一个老人的身体确实很难承受得了。

汉武帝允许司马谈留在洛阳养病，但要求司马迁马上赶来追随记录。匆匆结束旅程赶来的司马迁在洛阳见到了他奄奄一息的父亲。

司马迁在为《史记》写的"自序"里，曾经详细记录了父亲临死之前对他说的话。父亲说：咱们一家世世代代都是史官，如今在我手上也不能断！所以你一定也要做太史，继续我们家族的事业。很多历史素材我已经在准备了，你一定一定，千万千万要继续做下去！

司马迁俯首流涕，对父亲发誓说，我虽不聪敏，请容许我把您已记录编排过的历史，完整地书写出来，绝不敢有缺漏。

就这样，他别过父亲，赶上汉武帝，开始了他史官的职业生涯。

他后来在《报任安书》——也就是写给朋友的一封信中，讲起过这段初入职场的状态。他说：那时候，我断绝了与朋友们的往来，忘掉了家室的事务，日夜都在考虑如何全部献出自己微不足道的才干和能力，专心供职，以求得皇上的信任和宠幸。

初入职场的他是谨小慎微的，是很想干好这份工作的。

十一年的光阴就这么安静而忙碌地过去了。

时间来到了公元前99年！这一年，司马迁46岁，这一年发生的事改变了他的整个人生！

那一年十月，奉汉武帝之命，武将李陵带领部队出征匈奴。11月，因为和另一位将军分头作战，只带领了不到五千兵力的李陵遇到匈奴八万骑兵，仇人相见，分外眼红，连战八天八夜，结果终因寡不敌众，李陵战败，被匈奴活捉。

战事传到中央，大臣们惊慌的惊慌，打小报告的打小报告，好大喜功的汉武帝很生气恼火。大家看皇帝眼色，都不敢为李陵说话。可是这时候，平时和李陵并不怎么熟的司马迁站出来了！——如果他知道后果会如此严重，不知道他还会不会做出这个选择？

他对皇帝说，他相信忠将李陵不会背叛汉朝，被抓去肯定只是缓兵之计，朝廷应该相信李陵！

人们常赞颂钟子期和伯牙之间的知己之情，一曲高山流水遇知音，彩云追月得知己；人们也津津乐道于荆轲为了燕太子丹大义刺秦王，最后士为知己者死。如果这些互为知己的情义叫人如此称赞，那么司马迁对于并非知己的李陵，冒着生命危险的一番维护辩解，是不是更值得拍手？因为他不是为了知己私情，是为了更可贵的正义！

他后来在《报任安书》里面是这样解释的——这件事情对司马迁的一生太重要了，所以会引用说明得详细一些！

李陵都在朝中为官，自己与他向来并没有多少交往，追求和反对的目标也不相同，从不曾在一起举杯饮酒，互相表示友好的感情。但是我观察李陵的为人，的确是个守节操的不平常之人：侍奉父母讲孝道，同朋友交往守信用，遇到钱财很廉洁……总是考虑着奋不顾身解决国家的急难……我认为他有国士的风度。做人臣的，从出于万死而不顾一生的考虑，奔赴国家的危难，这已经是很少见的了。现在他行事一有不当，那些只顾保全自己性命和妻室儿女利益的臣子们，便跟着挑拨是非，夸大过错，陷人于祸，我确实从内心感到沉痛。况且当时李陵带领的兵卒不满五千，深入敌人军事要地，到达单于的王庭，就好像在老虎口上垂挂诱饵啊……同单于连续作战十多天，杀伤的敌人超过了自己军队的人数，使得敌人连救死扶伤都顾不上。匈奴君长都十分震惊恐惧，于是就征调左、右贤王，出动了所有会开弓放箭的人，举国上下，共同攻打李陵并包围他。李陵转战千里，箭都射完了，进退之路已经断绝，救兵不来，士兵死伤成堆。但是，当李陵振臂一呼、鼓舞士气的时候，兵士没有不奋起的，他们流着眼泪，一个个满脸是血，强忍悲泣，拉开空的弓弦，冒着白光闪闪的刀锋，向北拼死杀敌。当李陵的军队尚未覆没的时候，使者曾给朝廷送来捷报，朝廷的公卿王侯都举杯为皇上庆贺。几天以后，李陵兵败的奏书传来，皇上为此而饮食不甘，处理朝政也不高兴。大臣们都很忧虑，害怕，不知如何是好。我私下里并未考虑自己的卑贱，见皇上悲伤痛心，实在想尽一点我那款款愚忠。……他虽然身陷重围，兵败投降……但他摧垮、打败敌军的功劳，也足以向天下人显示他的本心了。我内心打算向皇上陈述上面的看法，却没有得到适当的机会，恰逢皇上召见，询问我的看法，我就说了内心的想法，想以此来宽慰皇上的胸怀，堵塞那些攻击、诬陷的言论。可能是我没有完全说清我的意思，圣明的君主不深入了解，认为我是为李陵辩解，于是将我交付狱官处罚。

汉武帝暴怒，后来又误听误信了李陵被捕后已经在替匈奴练兵的讹传，于是杀其三族，母弟妻子全部被诛杀，致使李陵彻底与汉朝断绝关系！

那么司马迁该如何处置呢？

那时候汉朝有一个法律规定是这样的，犯罪后可以交五十斤黄金以免刑，如果没有钱，那就只能选择宫刑。

遗憾的是，司马迁家里并没有那么多钱，皇帝左右的亲近大臣又不肯替他说一句话，朋友也没有人替他筹钱——他为了专心工作，不是已经不和朋友们往来了吗？这紧急关头，哪里还有朋友相助？

实在走投无路的他，万般无奈之下选择了令天下男儿最感耻辱的刑罚：宫刑——这是最下等的刑罚，是对一个男人侮辱到了极点的刑罚！

插播一段李陵被匈奴活捉后的故事：后来有汉朝使者到匈奴，李陵问使者，我为汉朝领步卒五千横扫匈奴，因为没有救援而失败，有什么对不起汉朝的，主上要杀我全家人？使者说，陛下听说李少卿在为匈奴练兵。李陵说，那是李绪，不是我啊！后来李陵恨李绪为匈奴练兵而使自己全家被杀，于是派人刺杀了李绪。

匈奴首领单于很看重李陵，还把女儿嫁给他，封他做贵族，但李陵基本不做什么具体事，一直就处于消极应付的状态，遇到要商议大事、单于召见才过去坐坐。

其实后来汉武帝知道真相后就后悔了。到汉昭帝即位以后，就派人去匈奴叫李陵归汉。但李陵担心回到长安后再次受辱，拒绝回家。《汉书》里面记有一首李陵写的诗，"径万里兮度沙幕，为君将兮奋匈奴。路穷绝兮矢刃催，士众灭兮名已溃。老母已死，虽欲报恩将安归？"知道自己名已溃，母已死，心灰意冷，也不想归汉了。他虽然没有归汉，但在匈奴二十多年，也没有帮助匈奴打过汉朝，他只是在那里活着而已！

在匈奴活了二十多年后，病死。

按照李陵和汉使之间的交往情况，李陵应该知道司马迁为他说情并因此获刑的事，但没有历史记载他们之间是否有书信往来，司马迁在后来的《报任安书》中也没有提及，我们判断应该是没有的。

插播这一段关于李陵后来的故事，也是想说明司马迁当年的判断其实是正确的！汉武帝曾经为杀了李陵全家而深感后悔，我猜他肯定也为司马迁受宫刑而懊悔过。可是后悔归后悔，所有已经发生过的，已然不可更改了！

孟子曾经说："天将降大任于斯人也，必先苦其心志，劳其筋骨，饿其体肤，空乏其身，行拂乱其所为，所以动心忍性，曾益其所不能。"在无数个泪流满面、独自徘徊的深夜，司马迁会不会吟咏这几句话来平复自己汪洋般起伏的心绪？

司马迁崇拜的偶像孔子，惶惶然如丧家犬，但他克制隐忍，始终有教无类，坚持做好历史赋予自己的角色——师，他为华夏历史塑造了一个新的阶层：儒士。他们不耕而食，不蚕而衣，却是几千年来华夏政治舞台、文化舞台上的中坚力量。司马迁也是这一脉络中的人，他虽然没有在政治上发挥大作用，但他在历史的长河中，在无数个痛苦的深夜过后，也像孔子一样一心一意认可了命运赋予自己的那个最合适的角色——做一名真正的太史公。用他唯一可用的一支笔，拨开历史的迷雾，告诉后人历史的真相，了解天道轮回的密码。

二 奇志，奇书

其实，司马迁也想过自杀，他说："奴隶婢妾尚且懂得自杀，何况像我到了这样不得已的地步！"但是他之所以忍受着屈辱活下来，是因为他内心的志愿还没有完成，答应父亲的事情还没有完成！

经过那件事，司马迁已经看透了，他们这些职掌文史星历的人，地位不过类似于皇上身边的倡优，随时可以被戏弄。如果他真的自杀了，那就好像是牛身上失掉了一根毛，同死掉一只蝼蚁又有什么区别呢？

人固有一死，或重于泰山，或轻于鸿毛。他要做前者，不愿做后者！

如果说，年轻时的游历是他价值观的初步形成期，那么通过这件事，他的价值观、历史观都发生了很大的转变。从此开始，他对历史有了自己独立的思考，他不想再按照皇帝的意志、官方的要求来写，他要按照自己的理解，自己的历史观来进行一次独立的、伟大的创作！他要让后人尽可能地知道更多的历史真相！

就这样，47 岁的司马迁顶着人世间一个男人能够承受的最大耻辱，专心致志，一心一意，用生命中最后的八年时间，完成了他52 万字的《史记》。

迫于仍是朝廷史官的职业角色，司马迁写的《史记》其实有两部，一部是在司马迁的工作场所，也就是宫廷；另一部是在家中。宫廷本是给皇帝看的，采用的是皇帝喜欢的视角；家中的副本是司马迁写给后人看的，用的是他的视角，或者说，更为客观的视角。

在这个副稿中，他把那个和汉高祖刘邦长期对打的项羽写到了专给帝王使用的《本纪》之中；把春秋时期的圣贤孔子写到了专供诸侯使用的《世家》之中；甚至把陈胜吴广等原本出身低微的农民也写到了《世家》之中；把那些在老百姓口中呼声很高的人也写到了《列传》之中，比如荆轲、东方朔等。

这种写法是绝对不符合官方标准的，但司马迁知道，历史的真相不该被官方的价值体系所淹没，他坚持不懈，偷偷进行着。

司马迁呕心沥血写完《史记》之后，将副稿留给妻子，撒手而去。由于副稿不合帝王之意，妻子也很担心《史记》会被查封焚毁，于是将《史记》副稿分成两部分，分别交给两个儿子，嘱咐他们带回老家陕西韩城，藏到深山之中，以后改名换姓藏于世间。

为了不引起人注意，临走之时她还为两个儿子改了姓，她将丈夫的复姓"司马"二字中的第一个字加一竖，成为"同"姓，第二个字加两点，成为"冯"姓，并规定同姓和冯姓之间永不得通婚。

两个儿子依照母命逃回到老家，终于保全了《史记》！

如今在陕西韩城附近仍然有同家村、冯家村，司马迁的祠堂后来也建在这里。

汉武帝死后，司马迁的孙子曾经把副稿的一部分内容传播出来，但是篇幅流传不多，因为他很快就遇害了。

《史记》比较广泛地传播，大约是在东汉中期以后，对，那时候这本书还不叫《史记》，而是叫《太史公书》或《太史公记》。最早称司马迁这部史著为《史记》的，是东汉汉桓帝在他写的

《东海庙碑》中。

但是，由于此书"是非颇谬于圣人，论大道则先黄老而后六经，序游侠则退处士而进奸雄，述货殖则崇势利而羞贱贫，此其所蔽也"。所以它一直被视为对抗汉代正宗思想的异端，一直被当作离经叛道的"谤书"，没有得到官方的宣扬支持。

在西汉，即使诸侯都没有全版的《太史公书》，因为《史记》中涉及大量的宫廷秘事，朝廷严禁泄露，只有部分宫廷人员才能接触到此书。汉宣帝时褚少孙在宫廷中阅读该书，其中已经有部分篇幅连宫廷官员都不能涉及；后来班固因为修史需要，被皇室赐予权力可以阅读《太史公书》副本，其中已经少了十篇。据说现在我们看到的《武帝本纪》早已不是副稿中的版本，这个事情完全有可能。

直到东汉，皇室依然不愿全部公开《史记》，而是让人不停地删删删，一直从 52 万字删到 10 多万字才勉强发布。而且，就连这个被删后仅剩十余万言的《史记》版本，在汉以后也失传了。

每一个辉煌的大时代，光鲜靓丽的外表之下，可能都是那些时代人物千疮百孔的人生，他们一直费力地用一袭华美的袍来遮掩着这些伤疤，司马迁要揭开这层外衣，他们能允许吗？

其实，这也不是汉朝皇帝们独有的问题，李世民发动玄武门之变，杀死自己的哥哥和弟弟，逼迫自己的父亲退位才得以登基，难道他希望史官如实记录吗？赵匡胤通过发动陈桥驿兵变黄袍加身，他愿意史官照实书写吗？不，他们都不愿意，史官们要做的就是尽可能地修饰，就像现在通用的美颜相机。

汉之后直到中晚唐时期，《史记》才被阴差阳错地翻出来！在韩愈、柳宗元等名流的推崇下，不断得到它应有的重视。韩愈说："汉朝人莫不能文，独司马相如、太史公、刘向、杨雄之为最。"

到宋元明清，《史记》更是一步步成为史学经典。清初大才子金圣叹评价司马迁和他的《史记》说："隐忍以就功名，为史公一生之心。"

到民国时，鲁迅这样高度评价《史记》："史家之绝唱，无韵之离骚。"

为何后来的人们对《史记》的评价如此之高？

第一，司马迁再次用自己的实践解答了文学与历史能否合流这一千古难解。

前面说过，第一个做这个实践的人是孔子，以孔子为偶像的司马迁，是第二个。是的，答案是肯定的，最高的文学亦是最高的历史。

《史记·秦始皇本纪》中"六国陵替，二周沦亡。并一天下，号为始皇"，真是气势磅礴的文字，让人感受到文字优美而伟大的力量！

《史记·项羽本纪》中，他在开头仅用了短短39个字，就让项羽的性格跃然纸上。"项籍少时，学书不成，去；学剑，又不成，项梁怒之。籍曰：'书足以记名姓而已。剑一人敌，不足学，学万人敌。'于是项梁乃教籍兵法，籍大喜，略知其意，又不肯竟学。"

项羽读书，不好好读；学剑，又无所成，叔叔项梁怒了，项羽倒是很有一番自己的道理：读书只不过记住一些人的姓名而已，剑也只能跟一个人对打，我要学的是可以对打万人的学问。好，那就去学兵法！项羽终于开心了，可是刚刚学了一点皮毛，就不肯学了！

就是这样一个少年郎，他看见秦始皇出游时的壮观威风，曾自信地说："彼可取而代也。"

司马迁介绍项羽的故事，其实在一开始就为项羽后来的失败埋下了伏笔，项羽这种从小虎头蛇尾、好大喜功的性格，已经注定了他的结局。司马迁在写一个人的故事之前，已经完全看明白了这个人的里里外外。他是历史上真实的项羽，也是生动的文学形象。历史和文学，在司马迁笔下，已经融为一体！

《史记》中还有很多鲜明的历史文学人物，比如街头混混汉高祖刘邦、曾受胯下之辱而终成大业的大将军韩信、叫人遗憾不止的剑客荆轲……是司马迁让他们——距离我们两千多年的那些历史人物们，一个个活了起来。我们读着他们的故事，看着他们哭，陪着他们笑，体会他们的喜怒哀乐……

充满文学性的历史书，原来这么动人——也许这就叫"无韵之离骚"！

张爱玲在探讨这个问题时说，历史如果过于注重文学的完整性，就成了小说。但司马迁进退有度，精妙把握，没有让笔下的历史成为小说。

第二，他在历史中融入自己的感情，采用了一种浪漫主义的手法，但全书却无一句假话，能够融入感情却不失偏颇，读来有味，又得真相，实在很难得！

《孔子世家》中，他不掩饰自己的尊崇，说的是："高山仰止，景行行止，虽不能至，心向往之。"真情实意，充满字里行间！

在《廉颇蔺相如列传》中，他赞扬蔺相如："相如一奋其气，威信敌国，退而让颇，名重太山，其处智勇，可谓兼之矣!"意思是说蔺相如在秦王面前勇气可嘉，在自己的同僚廉颇面前又谦逊退让，他真是智慧和勇气兼备的人啊!

真性情的太史公对笔下的一部分人不吝尊崇赞扬之情，但对某些人也不掩其讽刺之意，如在《孟尝君列传》中，他说自己曾经到孟尝君的故乡薛地亲自察看，发现那里有很多凶狠残暴的人，他就找那里的乡亲们打听原因，结果听说是因为当年孟尝君曾经大量招至天下豪杰侠客，结果六万多家奸邪之人也一同混进来，才搞得当地的民风很不好了!——司马迁认为孟尝君大养宾客不过为了虚名而已，批评他为了个人虚名败坏了乡里民风!

对于历史人物到底该不该加进作者本人的主观评判?有人认为历史就是历史，按照它本来的样子客观理性地书写就行，是非对错应该交给读者去判断;也有人认为应该有一些尽量客观的点评，这样的历史才是有温度的历史。

争论一直在继续，但司马迁的高明之处在于，他自己的评点都是以"太史公曰"的形式放在最后一段，前面的人物故事都是客观叙述的，保持了作为一本历史著作的客观性，最后为了历史作品的温度性，加上了自己的评点。这样算不算比较完美的做法?

是的，这是一部有温度、有个人感情却并无偏私的历史!所以后人凡是对汉及以前的历史人物、历史问题有质疑的，会经常跑到《史记》中去寻找答案。不仅因为他距离那段历史近、容易了解到真相，更因为他始终保持着客观的态度来写作!

第三，在《史记》中融入自己理解的治世之道或对自然宇宙、人生百味的思考，提升故事深度，深化理解——可能这就是"史家之绝唱"？

前面说过，司马迁的老前辈老子在这方面曾卓有成绩，那么司马迁在写作之时会不会参考了曾经作为东周史官的老子的写作构图？

有意义的历史不仅需要史实，更需要对史实本身进行解释，还需要对解释史实所贯彻的精神进行反思，所谓究天人之际，通古今之变。因为只有具备深刻思想和理论内涵的历史记录才是有价值的，这就要求史官具有一种独特的史官思维——既知道历史真相，又懂得天文地理；既能深入历史本身，又能抽离自我宏观总结。作为史官杰出代表的老子甚至更向前一步，在他的《道德经》中超脱出了所有的历史事件本身，直接从更高的高处宏观思考，探究历史规律、自然天地之道。

司马迁在《史记》中继承老子的高远志向，建立自己独特的史官思维，在每一个故事最后，加入自己或引入别人的议论，或总结、或提升、或褒贬，表达自己对历史的思考，深化后人对前史的认知。

比如在《史记·秦始皇本纪》中，除了客观描写历史真相，司马迁引用了贾谊的治世论点："是以牧民之道，务在安之而已。天下虽有逆行之臣，必无响应之助矣。"意思是说，统治天下的大道，安抚百姓、使他们能永享安宁是很重要的。如果做到了这样，即便天下有几个想要叛乱的臣子，一定不会有响应他们的人。

在《史记·高祖本纪》的最后，他站在更高的地方总结治世大道说："夏朝的政治忠厚，不过忠厚的弊端是老百姓粗野少礼；所以殷朝代之以恭敬，恭敬的弊端是老百姓喜欢相信鬼神；到了周朝，就代之以礼仪，不过虚礼太多了，老百姓就容易不诚实；要救治不诚实的问题，又需要忠厚了。——好像夏殷周三代开国君主的治国之道是循环轮转、周而复始的……秦朝的统治是使刑罚更加严厉，所以汉朝兴起后，对前朝的弊端有所改变，休养生息也使得老百姓不至于疲惫不堪，这才符合循环始终的天道。"

后来的《隋书》曾说："夫史官者，必求博闻强识、疏通知远之士……是故前言往行，无不识也；天文地理，无不察也；人事之纪，无不达也。"——后人再次强调：史官不仅仅是客观地记录历史，还要总结历史经验，思考天地之道。所谓以史为鉴，可以知兴替！

北宋名臣司马光编纂的《资治通鉴》，是我国最大的编年体史书，"资治通鉴"，翻译成大白话，就是"给治理国事的人当镜子用的史书"，司马光负责编纂《资治通鉴》，历时 19 年，共 294 卷，记事时段前后共计 1300 多年。

前有老子、孔子，中有司马迁，后有司马光，他们都是历史上铮铮有名的铁笔史官，是他们让后人有机会了解曾经的历史真相，而历史，是一个民族的根，是一个民族的来源。若不知过去从何处来，怎会知将来到何处去？

三 后记，后思

凡人司马迁，从小并非神童的司马迁，他在时光的灼烧中、岁月的残忍相待中、成功履行了一名史官的所有职责，他艰难而出色地完成了历史长河中独独属于自己的那个角色定位——太史公。

有人说也许是汉武帝的残忍宫刑成就了他，让他能够置之死地而后生，让他心无挂碍、无意功名，纯粹地用余生来做一件事。——虽然也有一点道理，但这样的说法在那样耻辱的刑罚面前会不会太轻巧？

　　最让人深感遗憾的是，他生前体会的都是奇耻大辱。而所有的盛赞，都是在他身后很多年才发生的。

　　某种程度来说后来的梵·高真有点像他的这种经历，死前一幅画都卖不出去，死后一张张都是价值连城！

　　我突然想起一部电影《寻梦环游记》，那里面有这样一个假设，死去的人如果一直还被活着的人想念着，那他在另一个世界里就有能量，就能继续活下去。多希望这是真的！因为这样，司马迁、太史公，有我们这么多人这么多的惦念，就还可以在另一个世界里好好地活着，还可以好好地思考、写作！

魏晋
南北朝

晋朝

北

三曹

陶渊明

谢灵运

三　曹

魏晋风度从他们父子三人开始　≫≫≫

有人说，华夏文明五千年来，国人普遍活得最有趣的时代，就是魏晋。

但魏晋其实还有另一个侧面，那就是乱。

东汉末年开始，外戚专政和宦官专政、外戚和宦官之间各种争权夺利弄得朝野不宁、黄巾军起义弄得汉朝元气大伤，后来又有野蛮的董卓冲入京城实行三光政策、其他各路军阀也是拼命打仗、抢夺地盘，天下大乱，黎民最苦。"白骨露于野，千里无鸡鸣"正是当时真实的社会状况。后来曹操、孙权、刘备三足鼎立，以曹操为大而共有天下。曹操死后，儿子曹丕自立为皇帝，三分天下的平衡被打破，孙权刘备于是也自立为帝。

曹丕死后，老丞相司马懿的孙子按捺不住，夺了曹魏的大权，建立晋朝。

晋朝是一个非常短命又混乱的王朝，表面上统一的局面只维持了 50 年（西晋），北方各种少数民族就纷纷冲过来，晋朝只有向南撤退，在建康建立朝廷（东晋），东晋苟延残喘又延续了一百余年。

八十年的三国鼎立加上一百五十多年的短命王朝晋朝，这就是魏晋时代。

这么混乱的时代，为什么会有最有趣的人生？这真是个值得探究的问题啊！

鲁迅说：到东晋，风气变了。社会思想平静得多，各处都渗入了佛教的思想。再至晋末，乱也看惯了，篡也看惯了，文章便更和平。

哦，原来是眼睛看惯了乱，心灵也就慢慢接受下来，并以静制动、以不变应万变？

其实，那时候的人们面对那样大范围的社会动乱，既有建功立业平定天下的理想，又时常面对极易到来的生死，生出人生苦短、壮志难酬的悲凉。是啊，在一个死亡随时都会降临的时代，人到底该怎么样活着才有意义？活着的人普遍开始思考生命的核心价值。

思考的结果是，既然人生如白驹过隙，那我们就更应该抓住这刹那，在有限的生命里活出无限的趣味和精彩。

所以说，这是一个混乱的大时代，但也是一个觉醒的时代，关于人心的觉醒，文学的觉醒。

人心的觉醒外化在行动上，就是想尽办法要活出自己最喜欢的样子，一派天真可爱、通脱而有趣。落实到文章上，那就是沉郁顿挫、慷慨悲凉的情感基调和简练刚健的语言风格。——这就是传说中的建安风骨、魏晋风度。

鲁迅在他的演讲《魏晋风度及文章与药与酒之关系》中曾经就这一问题做过深入的探讨。魏晋人为什么突然想起来要活得天真可爱、通脱有趣的呢？因为东汉末年党锢之祸以前，那些所谓的名士都活得太自命清流了。比方有一个有名的人，普通的人去拜访他，先要说几句话，倘这几句话说得不对，往往会遭倨傲的对待，叫他坐到屋外去，甚而至于拒绝不见。再比如说有个人和他的姐夫不和，有一回他去姐姐家吃完饭，就要把饭钱算回给姐姐，姐姐哪里肯要，于是他就扔了一把钱在街上，当是已经付过了！这，这，这……这种所谓的清流在曹操看来太可笑了，所以他就力倡通脱。什么是通脱？通脱就是随便的意思，就是想说什么就说什么，想怎么活就怎么活。

从建安七子到竹林七贤，那时候的名士是这样活着的。

曹操年轻的时候总喜欢挎一个小布包，里面装上手绢啊零钱啊什么的，然后就在街上瞎晃悠。有一天，哥们请他吃饭，席间说起一个笑话，曹操笑得前仰后合，竟把脸都蹭到盘子里了，搞得满脸都是汤水饭渣，他也不介意，拿出手绢胡乱擦擦，继续与朋友海聊！

要活就活得高兴！

同时代的文学家王粲生前喜欢听驴叫，他死后，已经做了皇帝的曹丕带领群臣到坟前吊丧，他对同来的人说：我们一起学驴叫来为他送行吧。于是，坟地前面，一片驴鸣！

要活就活得率真！

他们讲究仪容美，曹操的儿子曹丕，有一次熏香熏得过分了，连马都受不了了，就咬了他的膝盖一口，气得他连马都杀了。

绝世美男子卫玠爱美更是爱出了新高度，别人出门都是坐马车、牛车，要不骑驴也行。可他不，他坐的是羊拉的车，为什么呢？因为他喜欢羊雪白漂亮，而且有羊做参照，更显出他比羊还白。

不能美美地活着，不如死！

曹操出去打仗了，曹植命人打开大门，在只有盛典时皇帝才可以行走的大道上骑马狂奔！

名士刘伶经常醉酒，妻子很抱怨，他说："我也想戒酒，但是凭借我一个人的力量恐怕戒不掉，得向神灵祷告发誓，你快去准备点酒肉。"然后，他却把妻子准备好的酒肉一扫而空！他说"饮酒以乐，死便埋我"！

活着就要这么洒脱！

后人常常会向往那个时代，因为那个时代的人，都活得太像自己了，他们通脱率真，可爱有趣，活出了生命的新高度！

而这一切的开始之人，就是曹操和他的儿子曹丕、曹植。

一 一代枭雄曹操

俗话说，乱世出枭雄。

成长在东汉末年的曹操，确实就是生逢乱世。外戚宦官之乱，董卓之乱，袁绍袁术之乱，一乱接着一乱，真是年年月月乱不停。枭雄曹操就在这乱世之中茁壮成长起来了。

什么叫枭雄？

百度一下，你会得到这样一个解释："枭雄，是指骁悍雄杰之人，多指强横而有野心。"感觉枭雄就是比英雄坏一点，痞一点，或者说，更加霸气而难以制服的那种！

如果这就是枭雄的定义，那么笔者觉得曹操当之无愧。

但是，民间对曹操的评价，自古以来就有另外一种说法——奸雄。几乎所有有曹操存在的戏文中，他总是白脸扮相——"蓝脸的窦尔敦盗御马，红脸的关公战长沙，黄脸的典韦，白脸的曹操，黑脸的张飞叫喳喳。"百度一下，你会得到这样一条解释："戏曲中白脸表示阴险奸诈、善用心计，如曹操、赵高、严嵩等。"

一个版本的曹操通脱可爱，一个版本的他阴险奸诈，他到底是谁？

鲁迅曾经这样说："……某朝的年代长一点，其中必定好人多；某朝的年代短一点，其中差不多没有好人。为什么呢？因为年代长了，做史的是本朝人，当然恭维本朝的人物了，年代短了，做史的是别朝的人，便很自由地贬斥其异朝的人物，所以在秦朝，差不多在史的记载上半个好人也没有。曹操在史上的年代也是颇短的，自然也逃不了被后一朝人说坏话的公例。"

曹操是被说了坏话的人，还是本来就是一个大坏人，我们要穿越历史迷雾去看清他。

历史镜头 1：

公元 172 年的某一天，官三代曹操（曹操命好，他爸爸是当时东汉的三军总司令，他爷爷更是东汉末年宦官大集团中的能人。作为宦官的爷爷是生不了儿子的！所以曹操的父亲实际是曹操爷爷的养子）和官 N 代袁绍（标准的四世三公之后，他的祖辈有太多当官的，数都数不清）一起在街边瞎逛。那时候没有手机可以打游戏，曹操和袁绍真是有点无聊，有什么有趣的节目呢？苹果、玉米这些的早都偷腻了，打弹弓、丢沙包也很无趣。阿瞒（曹操小名，曹操还有个小名叫吉利）突然把袁绍拉到一边说，想不想干一票大的？临街有人今天娶新娘子，我们去偷新娘子去吧！袁绍一听，有美女！肾上腺激素迅速分泌，走！

趁着大家喝酒干杯，曹操负责进屋偷人，袁绍藏在树丛里负责放哨。好吗，等曹操把新娘子背出来，这边袁绍却因为衣服被树枝勾住走不脱了，他就急着叫曹操，赶紧帮帮我！曹操放下新娘，可他不是去帮袁绍，而是没有预警地突然大喊一声，大家来抓贼啊，有人来偷新娘子！然后，他自己飞跑出去，剩下一脸茫然的袁绍被人赃俱获！

这件事充分说明，袁绍这个人真没曹操聪明，这大概已经昭示了后来官渡之战的结局。

历史镜头 2：

曹操年轻的时候曾碰到一个伯乐（还是个大官，叫乔玄），这个人预测说曹操未来一定能干成一番大事。曹操很高兴，这人就跟他说，我死了以后，妻子儿女就拜托你照顾了。以后如果你经过我的坟墓，就拿只鸡来祭奠一下我吧，否则你就会肚子疼！（听起来完全没有逻辑关系，估计这个乔玄也是一个很有趣的人！）

有一天曹操真的经过他的坟前，真就杀了一头牛，他还拿出一篇自己写的悼文来念，大概意思是说，你看我今天用了一头牛来祭奠你，我的肚子肯定就不会疼了吧？

这两人，一个是有趣，一个是认真地顽皮。

上班前的曹操，可爱活泼、青涩有趣。那时候的他，就像是我们小时候，隔壁家那个喜欢捉弄人的大牛哥。

但是谁都要长大的，长大后，就得干点正经事了！

历史镜头 3：

长大的曹操要上班了，当时他通过捐钱买了一个官——对于一个官三代来说，这种操作应该很容易。这个官就是京城洛阳北边的一个公安局局长，专管治安。

洛阳的治安可不好管，住的都是皇亲国戚，谁也不好碰不好罚！可曹操不管，工作起来的曹操可是很认真的。他一报到，首先把自己的办公室好好装修了一下，然后把相关的法律条文抄写好，贴出来，等于重申一下，然后曹操就派自己的下属到街上检查工作去了。

有一天夜里，巡逻队抓了一个违反了宵禁还醉酒的人，曹操不管三七二十一，直接要棒杀。这人急了，知道我是谁吗？曹操问：你谁啊？这人骄傲地说：我可是如今皇上身边的大红人某某宦官的叔叔！曹操假装糊涂：嗯？有这么个人吗？不知道啊，不认识。棒杀，立即执行！

历史镜头 4：

曹操因为上面那件事得罪了那个宦官红人，后来就被调整了岗位，经过这件事，曹操觉得官场太黑暗了，就不想干了！

那时候的官场确实黑暗腐败，宦官外戚轮流专权，皇帝形同虚设；士人，也就是真正有才能的知识分子都得不到重用，东汉后期爆发的两次党锢之争——士人集团和宦官集团之间的争斗，严重动摇了东汉的政治基础。曹操辞官之时，已经可以算是凌晨三四点中的那种黑暗了——这个点，距离黎明还有一段非常难熬的时间！

曹操在这段时间，选择赋闲在家，好好读书，准备有合适机会再重出江湖。读起书来的曹操可是很认真的。认真读书后来成为他的习惯，即使带兵打仗的时候，也是白天打仗晚上看书，用手不释卷形容他，很合适！

历史镜头 5：

就在曹操安心读书的时候，东汉王朝的局势发生了巨大的变化。

那时候，士人和宦官之间的争斗越来越白热化，为了剿灭死对头宦官集团，袁绍等官僚代表想了一招借力打力的"妙计"，邀请西北军阀、粗鲁剽悍的董卓带兵入京，希望能够逼迫何太后下决心诛杀宦官！——这大概是史上最愚蠢的妙计，因为他们根本就不了解董卓是个什么样的人——所谓"引狼入室"这样的成语大概就是为这件事而设的！

因为打击匈奴、羌族等少数民族有功的董卓正手握重兵、有官有职，他狼一样闪着绿光的眼睛正窥伺着中央，等着一有变动就展开行动呢！没想到正打瞌睡就有人递来个枕头，董卓幸福得一阵眩晕，立马率兵进城——虽然这中间还经历了一些曲折，遇到了一些阻挡，但最后的结果就是，董卓进城了，宦官基本被诛杀了，连何太后都死了。但是邀请董卓进城的袁绍等人呢，也被赶出来了！

董卓不仅一家独大，还乘胜追击撤掉了自己不大喜欢的皇帝，换了个自己喜欢的汉献帝来做东。

豺狼一般的董卓，还有豺狼一般的属下，在整个洛阳城中烧杀劫掠、奸淫妇女，无恶不作，那时候的洛阳，简直就是人间地狱！

手里有兵的人及当官的人实在看不下去了，大家商量好，准备成立联合纵队，剿灭董卓！

成立的几支队伍之中，有一支就是袁绍的；还有一支，就是重出江湖的曹操带领的。董卓作恶多端，后来被自己的属下吕布砍杀了，再后来吕布也被杀了，各路部队就各占各的地盘。曹操呢，就趁机占领了青州！

历史镜头 6：

占领了青州的曹操不着急扩大地盘，而是率领士兵开始在当地屯田、种起庄稼来，很明显，就是要准备充足的军粮！

天下还很乱，一时之间大势难定，曹操做长久打算，稳扎稳打这步棋走得相当好。不仅如此，接下来这步棋，他走得更妙！

话说董卓死后，东汉最后一任皇帝汉献帝冒着九死一生之险从西安回到被董卓烧掉的京城洛阳，放眼望去废墟一片，可怜皇帝都无处安身，只能露宿街头，形同乞丐。那时的公务员已经没有工资，下班后只能自己去寻找食物，此时已无处求乞，只得去寻秥吃。秥是野生的稻子，其实就是烂米生长的芽，但吃不饱，有很多人因为饥饿而丧命。

在大家都保持观望的时候，是曹操伸出了温暖的援手，将汉献帝迎到了他自己的地盘，好吃好喝供奉着——这是曹操一生最大、最正确的决定，也是他政治生命的转折点，因为从此之后，他便可以"奉天子以令不臣"，皇帝在手，真是说走就走，干什么也都是名正言顺。

已经没有实权的汉献帝也很懂"作"，立即封曹操为大丞相，委托他全权决定各种大事。

历史记载在此处是有差异的，有的说曹操对汉献帝还是恭恭敬敬，有的说曹操只当他是个小孩，见他时也是十分骄傲的，汉献帝的皇后伏后欲联络大臣有所动作，曹操知道后，就派人去捉伏后。曹操如此对待汉献帝及皇后，很多人不服他。

政治斗争分分秒秒都是复杂的，有时候真的很难判断谁对谁错。

公元200年，曹操代表汉献帝与袁绍大战于官渡。昔日的朋友、今天的对手。袁绍小时候玩不过曹操，长大了也打不过曹操！官渡之战胜利后，曹操慢慢控制了农耕宝地：黄河流域。曹操实力将不断壮大是现实的、可期的。

后来，刘备、孙权也各自占领了一部分地盘稳定下来，但是他们也不敢太明目张胆，至少在表面上，他们是得听汉献帝的——其实也就是听曹操的。

虽然曹操大权在手，想当皇帝易如反掌，但是曹操很聪明地选择继续维持原状长达25年之久，至死他都没有称帝。——不称帝，是那种形势下的最佳选择。后来他的儿子曹丕继位后忍不住称帝，结果刘备、孙权也都相继自封，才有了魏蜀吴三国鼎立的局面！一句话，儿子果然不如老子老谋深算、看得透彻！

历史镜头7：

曹操开始娶媳妇了，一个两个三四个。曹操这人特别好色，他代表汉献帝四处征战，打赢一次，就收编一批美女，粗略统计，曹操大概有30个老婆25个儿子！

但曹操最先娶的正夫人姓丁，丁夫人不能生儿子，曹操就把另一个小妾生的儿子曹昂送给丁夫人抚养。丁夫人很喜欢他，视如己出。

长大的曹昂跟着父亲出去打仗，结果就战死了（主要是因为曹操好色导致的一场计划外的战争）。丁夫人气急了，就跟曹操哭闹着要儿子，曹操烦了，滚吧滚吧。丁夫人也是够倔的，直接收拾东西回娘家了。

曹操后来专门驾车去接她，到了一看，丁夫人正在织布呢，根本不想搭理他。曹操走上前"抚其背"说：别生气了，跟我回家吧！说了三次，丁夫人根本没有搭理他的意思！

曹操长叹一声说，看来我们夫妻缘分已尽！于是找到岳父说：她还年轻，你就张罗着让她改嫁了吧！

当然后来丁夫人也没有改嫁。但这件事曹操一直到死的时候都挺内疚的，他死之前说：唉，我这辈子，好事干过，坏事也干过，但就一件事我难啊，你们说我死了见到曹昂，他要是哭着跟我要娘我怎么跟他说啊？我把他的娘弄丢了！

花心萝卜是曹操，一往情深也是曹操！

故事说得越多，我发现民间对曹操的误解越多。

历史镜头 8：

曹操平定天下的时候需要很多人才，用求贤若渴形容他一点都不过分。有一次他正在洗脚，帐外报告说有个叫许攸的求见。曹操一听，鞋都没来得及穿，光着脚就跑出去迎接了！这和他自己写的那句"周公吐哺，天下归心"真是异曲同工！（"周公吐哺，天下归心"是说周文王爱惜人才，正吃饭有人来求见，马上吐出口里的饭菜出门迎接。回来刚吃上，又有人来，就再吐出，再迎接。这样爱惜人才的人，天下人一定会归从他。)

那时候的曹操有多爱惜人才，看看他那首著名的《短歌行》就知道了。"对酒当歌，人生几何？譬如朝露，去日苦多。慨当以慷，忧思难忘。何以解忧？唯有杜康。"他为什么忧思难忘？因为"青青子衿，悠悠我心。但为君故，沉吟至今"。——想念人才！

"月明星稀，乌鹊南飞。绕树三匝，何枝可依？山不厌高，海不厌深。周公吐哺，天下归心。"曹操呼唤天下的人才不要再三心二意了，赶紧到我这儿来！——曹操的高明之处就在于：他明知道很多才子还在观望分析、犹豫彷徨，但他一点都没有指责，反而处处流露出一种深深的理解。

曹操还是很会做思想工作的！事实证明，这份人才招聘广告确实吸引了很多才子前来助阵。

曹操爱才是真的，比如对关羽。

关羽是下定决心要去找刘备的，但曹操对他极好，想要挽留他。关羽很重义气，说"曹公待我不薄，我要报恩后再走"。后来关羽为他杀颜良斩文丑，曹操怕他走了，对他更加厚待。可是关羽还是不为所动，挂印封金走了。下属要追杀他，曹操说：各为其主，不要追他。

但在陈琳这件事上，很多人觉得他办得不妥。

袁绍的下属、才子陈琳曾写过讨曹檄文，官渡之战中袁绍失败，陈琳被曹操抓了。曹操很大度，称赞陈琳写的檄文文辞优美，他也很生气，大骂陈琳，但他不仅骂陈琳，还骂陈琳的父母。这是不是有点过分？

好吧，总的来说，形势对曹操一片大好。皇帝这个尚方宝剑有了，粮食越来越丰收了，文武干将越来越多了，地盘越来越大了，天下的实力股越来越少了，曹操还需要什么呢？

答案是：安稳的心灵，允盈的精神！

历史镜头 9：

何以见得呢？

大丞相曹操一直没当皇帝，可身边建议他当皇帝的就多了，但他一直都不肯走这一步。他有一篇文章叫《述志令》，很真诚地总结了他个人的理想——我年轻的时候本来就只想当一个县令，好好治理一方就可以了；可天下形势发生了变化，我就想做一个像齐桓公、晋文公那样的英雄，如今我的梦想已经超额完成了，还有什么不满意的呢？原话是："身为宰相，人臣之贵已极，意望已过矣。"

他继续说道，也有人建议我放弃兵权，这是绝对不可能的，为什么呢？"设使国家无有孤，不知当几人称帝，几人称王"！还有人劝我让出大丞相之位，那也是绝对不行的，为什么呢？"江湖未静，不可让位；至于邑土，可得而辞。"大丞相的位子不能让，但汉献帝给我的封地，可以让出一大部分！

曹操身居高位，却没有闭塞视听，他一直都看得很清楚，对自己的内心很清楚，对天下大势看得也很清楚，对哪些重要哪些次要看得更清楚！

除去天下，作为一个自然人，曹操的理想是这样的：我的本心只是希望晚年的时候，在一个偏僻的地方建一处书斋，夏秋两季就好好读书，春冬两季就外出打猎，在山野之间与农夫樵民为伍，与世隔绝以度余年。

读书，打猎，与农夫樵民闲话家常，这就是曹操在心底为晚年的自己保留的世界！

真是有点感慨，权倾天下的曹操在心底竟为自己保留了这么一个小小的、纯净的梦想。只可惜江湖不静，他一直到死都没有机会实现这个小小的梦想。

历史镜头 10：

即便是没有机会实现梦想，但看透人生的人早已追寻到了属于自己的永恒，智慧的曹操追求的永恒又是什么呢？

53 岁的他曾在《龟虽寿》中清楚表达过对于永恒的看法。"神龟虽寿，犹有竟时。腾蛇乘雾，终为土灰。"——神龟纵使能活三千年，可最终还是难免一死！腾蛇和龙一样能够乘云驾雾，本领可谓厉害了，然而一旦云消雾散，就会和苍蝇蚂蚁一样灰飞烟灭了！

古来雄才大略如秦皇汉武，也热衷于服食求仙，为神仙长生之术所蛊惑，而曹操却对生命的自然规律有着清醒的认识，这实在是难能可贵。更可贵的是，在意识到人生的短暂之后，曹操清楚地知道该如何对待这有限的人生。他一扫汉末文人感叹浮生若梦、劝人及时行乐的悲调，慷慨高歌曰："老骥伏枥，志在千里。烈士暮年，壮心不已。"曹操自比为一匹上了年纪的千里马，虽然形老体衰，屈居枥下，但胸中仍然激荡着驰骋千里的豪情。

接下来他继续写道："盈缩之期，不但在天。养怡之福，可得永年。"人生的长短不但是天命，还在乎个人，人可以通过调理保养延长自己的寿命；就算最后还是死了，但如果活着的时候多创造多做事，也照样可以得到精神上的永生！

鲁迅说："曹操是一个很有本事的人，至少是一个英雄。我虽不是曹操一党，但无论如何，总是非常佩服他。"

笔者也很佩服他！他可爱、真诚、通脱、大气，就算曾经有些事做得不妥当，有些话说得赤裸裸，但他也是真小人，不是伪君子。

毛泽东说："曹操是了不起的政治家、军事家，也是个了不起的诗人。"他还在自己的词作《浪淘沙·北戴河》中这样说起曹操："大雨落幽燕，白浪滔天，秦皇岛外打渔船。一片汪洋都不见，知向谁边？　往事越千年，魏武挥鞭，东临碣石有遗篇。萧瑟秋风今又是，换了人间。"——魏武就是曹操，曹丕自己称为魏文帝，追自己的父亲为魏武帝。

二　本是同根生，相煎何太急

老了的曹操不得不思考这样一个问题，该由哪个儿子来继承大业？

他本来最喜欢神童曹冲，可惜曹冲 13 岁就死了。虽然他膝下有二十多个儿子，但可以上推荐名单的，也就曹丕和曹植两个。

曹丕稳重深沉，不苟言笑；曹植帅气阳光，文采又好。曹操开始是很喜欢曹植的，但是曹丕也很会表现讨喜！那时候，曹丕曹植以及围绕在他们身边的一群谋士之间的明争暗斗也是很白热化的——可自行脑补各种宫斗场面。

可是发生了两件事让曹操最终放弃了曹植，选择了曹丕。

第一次是曹操出公差，喝了酒的曹植竟然私自命人打开司马门，一个人在只有皇帝举行大典时才能通行的大道上驾车狂奔！

曹植年轻的时候洒脱不羁，有趣可爱，这是曹操喜欢他的缘由，因为他更有真性情，但过度了就不行了，毕竟这涉及政治礼仪。

为这件事，曹操很不高兴，但还没有到要嫌弃他的地步！

第二次是曹操任命曹植带兵打仗，人马粮草都聚集好要出发了，还不见曹植。派人赶紧去找，原来他还躺在床上醉得不省人事。

如果说第一件事还可以原谅，那这第二件，对于工作一向都很认真的曹操来说，就绝对不能忍了。

喝酒误事，这话用在曹植身上，太合适了！

所以后来曹植的哥哥曹丕继承了父亲的大丞相职位！不过他并不满足，后来自己封自己做了魏文帝！追认自己的父亲为魏武帝。

那么问题来了，曹操至死都不愿当的皇帝，为啥曹丕一上台就当上了？曹操难道没告诉自己的儿子，保持现状是当时形势下的最佳选择吗？

曹丕为什么要当皇帝？

这个答案其实很简单，曹丕自己心痒痒，再加上司马懿等人的协助、撺掇！

曹丕是怎么当上皇帝的呢？

公元 220 年，曹操去世。当了大丞相的曹丕急不可耐，暗中逼迫汉献帝禅让，本来早已名存实亡的汉献帝无可奈何，发出了禅让诏书。曹丕呢，装得很无辜，三次上书表态不肯接受，甚至还痛哭流涕说自己没这个能力。——在这点上，国人真欠他一个百花奖最佳男主角！

辞去了皇帝名号的汉献帝（汉朝历史到此实亡名也亡）被曹丕封了一个山阳公，享一万户侯，14 年后，寿终正寝！——汉献帝作为汉朝的最后一任皇帝，一辈子仰人鼻息，但就他个人的生活而言，除了董卓作乱期间受了些可怜，其他时间倒是优哉游哉的。

当上了皇帝的曹丕脾气越来越大了，后来连自己曾经最心爱的女人甄宓都杀了——传说她就是曹植《洛神赋》中的女主。对自己的弟弟曹植，那更是各种提防各种排斥了。

曹丕不仅把曹植封到了很边远的地方，还不停地变换封地，从边远到更边远，从穷到更穷——生怕曹植在一个地方待久了，生根发芽，积蓄起力量。表面上他给曹植配备了一些护卫士兵，其实个个都是老弱病残，甚至有的要靠人抬着才能报到！

真是"本自同根生，相煎何太急"！

这个七步诗的故事记录在《世说新语》里，"文帝（曹丕）尝令东阿王（曹植）七步作诗，不成者行大法（杀），应声便为诗……帝深有惭色"。曹植写的《七步诗》是这样的："煮豆持作羹，漉菽以为汁。萁在釜下燃，豆在釜中泣。本自同根生，相煎何太急？"

那么，曹丕和曹植的文学成就到底谁高谁低呢？

因为是亲兄弟，后人都习惯拿曹丕、曹植来做比较，那么他们哪一个的文学成就更胜一筹呢？

一般人都认为是曹植！

大才子谢灵运曾说："天下才有一石，曹子建独占八斗，我得一斗，天下共分一斗。"可见他对曹植的认可！

　　少年的曹植，本来才思敏捷、文采华丽、热情帅气。后来经过一系列的世事变迁，他变成了中年孤独抑郁的曹植，忧愤多，写文章就多，而且文章憎命达，越是过得辛苦，写的文章就越好。

　　曹植有一首《野田黄雀行》："高树多悲风，海水扬其波。利剑不在掌，结友何须多？不见篱间雀，见鹞自投罗。罗家得雀喜，少年见雀悲。拔剑捎罗网，黄雀得飞飞。飞飞摩苍天，来下谢少年。"这表现的是曹丕继位掌权后杀了曹植的至交丁仪、丁廙，曹植难过伤心却无力相救时的悲愤情绪。曹丕杀了他们感到高兴，曹植却很是伤悲。多想拔出剑来破掉罗网，让黄雀自由飞去啊！自由了的黄雀肯定还会回头来谢谢少年我。

　　因为心中有悲愤，所以笔端满溢真情，感人至深！

　　那么曹丕呢？

　　曹丕其实也挺会写诗的，他有一首诗就是怀念死去的父亲——作为儿子，这种怀念应该有其真实的成分，但如果曹操真活过来，我想他也不会真的高兴。

　　这首诗叫《短歌行》："仰瞻帷幕，俯察几筵。其物如故，其人不存……嗟我白发，生一何蚤。长吟永叹，怀我圣考。曰仁者寿，胡不是保。"

　　大概意思是说，我仰头看天，低头看房间，房间里的一切旧物明明都在啊，可是我的父亲却不在了……连鸟儿都会带着自己的孩子，为何只剩下我一个人孤独？人常说忧愁叫人老，感叹我的白头发为啥生得这么早！好感慨啊，怀念我的父亲，都说仁善的人能长寿，可您为何没有久保生命？

曹丕的诗低沉平静，曹植的诗情绪喷薄，各有长处。而且，笔者觉得，曹丕忙着当皇帝，公务繁多，又要处理各种钩心斗角，写文章的时间固然少，写诗歌的心情也很难有；而曹植呢，孤独忧愤，有很多时间可以消耗，忧愤的心情也很浓厚，这些都有助于写出更好的文章。

刘勰在《文心雕龙》中说了一句话，被后人认为是很公平的评价："魏文之才，洋洋清绮。旧谈抑之，谓去植千里。然子建（曹植）思捷而才俊，诗丽而表逸；子恒（曹丕）虑详而力缓……遂令文帝以位尊减才，思王（曹植）以势窘益价，未为笃论也。""位尊减才，势窘益价"这八个字真的是很妥帖，哥哥因为当了皇帝，令人对其才情的评价减了分；弟弟因为受着委屈，让人同情，文章加了分。

不管谁高谁低，也不管谁对谁错，多深的仇恨也抵不住时间的蹉跎！40岁的哥哥曹丕死了，活着的曹植又努力给继位的侄子写信想要一展宏图，可是侄子也很防着他，40岁的曹植最后还是郁郁而终了！

哥俩都只活到了40岁……

三 单说曹植的《洛神赋》

曹植的《洛神赋》实在太美太神秘，这里专门来说说。

首先，美在哪里呢？

答案是：古今中外除了《洛神赋》恐怕没有一个人再能想出这

么多绝妙的词来形容一个女性的美！

"其形也，翩若惊鸿，婉若游龙。荣曜秋菊，华茂春松。仿佛兮若轻云之蔽月，飘摇兮若流风之回雪。"——如果你见过月笼轻纱、风吹雪飞的样子，就能体会到这个形容有多美！

"远而望之，皎若太阳升朝霞；迫而察之，灼若芙蕖出渌波……体迅飞凫，飘忽若神，凌波微步，罗袜生尘。"——武林秘笈中的凌波微步，《天龙八部》中段誉的凌波微步，是不是就是从这里来的？

"……光润玉颜。含辞未吐，气若幽兰。"——要说未说，似笑非笑，感觉就像达·芬奇笔下的蒙娜丽莎那样……

美不美，曹植笔下的洛神？

那么这个绝美的洛神到底是谁呢？

很多人认为曹植是借用洛神的名义来追思自己的爱人甄宓——也就是曹丕的夫人、曹植的嫂嫂。甚至有人还编了一部长长的电视剧，描写他们之间有爱不能的凄清故事。但是笔者想说的是，这真的合适吗？

曹操和曹丕一起出去作战，俘获了一个绝色美女甄宓——袁绍的儿媳妇，曹家和袁家还真是渊源深厚啊。

本来曹操也很喜欢这个美女的，但他看见曹丕动了心，就发扬风格主动退出，然后曹丕就娶了甄宓。

这时候曹植 10 岁，曹丕 15 岁，甄宓 19 岁，曹丕结婚后仍然到处打仗，曹植和嫂嫂相处的机会应该会比较多，但长兄为父长嫂为母，我个人以为曹植与甄宓之间应该是这样一种感情。

33 岁时，曹丕称帝，此时的甄宓已是 38 岁，年老色衰也是有的，成为皇帝的曹丕脾气大了，又有了更年轻貌美的妾氏，和甄宓之间的矛盾就多了，一年后在曹丕的默认下，这个年轻貌美的妾氏就以非常残忍的手段杀死了甄宓。当然，后来甄宓的儿子继位，也杀死了这个妾氏为自己的母亲报了仇！

那么39岁的甄宓死的时候，曹植是30岁，而《洛神赋》也确实是他30岁时所写。如果说这篇文章与甄宓有关系，也是合情合理。

这里面还有一个故事，说曹丕登基后，曹植从自己的封地赶来朝拜（按照时间算，有一年误差，也可能是曹丕登基满一年后的庆典）。庆典结束后曹植跟自己16岁的侄子（曹丕和甄宓的儿子）一起吃饭，想起甄宓，两个人都有点思念旧人，悲从中来。

曹丕看见这种情况，就送了甄宓以前用过的枕头给曹植。曹植拿着这个枕头，睹物思人，更是悲从中来。于是回程途中在洛水旁边下车休息的时候，写了这篇《洛神赋》。

这篇文章是曹植借洛神来表达对甄宓的思念吗？我觉得是。

是爱人的思念吗？我觉得不是！

文章里有一句话很重要，"虽潜处于太阴，长寄心于君王"。这句话是洛神对作者说的，太阴是相对于太阳而言的，所以太阴就是月亮，这句话的意思是我虽然生活在月亮之上（古人认为神仙都生活在月亮里面，比如嫦娥奔月），可我的心是一直记挂着君王的。那么这个君王是谁？难道是曹植吗？不，曹植只是封地上的王，这里的君王应该是曹丕！

这样解释的话，我认为曹植写这篇文章有两个用意：

一是借洛神思念自己像母亲一样的嫂子甄宓（甄宓比曹植大9

岁，两人初见时，曹植 10 岁，嫂子 19 岁，说爱情似乎不大可能，长嫂为母倒是可能的），曹植能写这篇文章，而且后来还把这篇文章拿给曹丕看，如果曹植和甄宓之间有男女关系不清不楚，曹丕能忍吗？（你想想《如懿传》里面乾隆是怎么对如懿和凌云彻就知道了。根据魏史记载，甄宓之死主要是因为她对曹丕有怨言，所以曹丕很生气，后果很严重，另外一个美人揣测曹丕的心意，堂而皇之残杀了甄宓。）所以说曹植能这么写，恰恰说明他和嫂子之间是干干净净的，只有干干净净，他才敢写，才敢拿给曹丕看。

第二个用意，曹植写旧人甄宓，是希望曹丕能记起她的好，其实是在暗示曹丕对他这个旧人，也不要那么防备，他虽然在封地，可心还是记挂着哥哥的！

（四）赢得生前身后名

说起政治上的成就，父子三人之中曹操肯定是第一，曹丕第二。说起文学上的成就呢？自古以来就争论颇多了。刘勰在《文心雕龙》里面小结说："魏武（曹操）以相王之尊，雅爱诗章；文帝（曹丕）以副君之重，妙善辞赋；陈思（曹植）以公子之豪，下笔琳琅。"

其实他们各有特点，就他们当时面对的复杂社会环境、忙碌的人生状态来说，能有心情有空闲读书写文章，而且还写得这么好，真的已经很值得我们尊敬了！而且父子三人同时都这么厉害，这点大概真是华夏历史上绝无仅有的了！（除了后来的苏洵苏轼苏辙父子三人）

他们三人不仅自己厉害，还借着自己的政治地位，在身边团结了一批爱好文学的人士，加起来就叫作"建安七子"，包括孔融、陈琳、王粲、徐干、阮瑀、应玚、刘桢。不过说实话，建安七子的文学成真的就没有超出曹操父子三人。

建安时代以他们父子三人和建安七子为代表的建安文学，洒脱率真、文雅琳琅，志深而笔长，梗概而多气，流传千秋——这是不是他们曾经追求过的永恒？

是，但还不仅仅如此。

作为一个自然人，一个生命个体，他们的人生追求，自他们而始的魏晋风度，也一样成为后人永恒的向往！

有人说，人生有四种境界：欲求境界、求知境界、功利境界、审美境界，其中审美为最高境界。而魏晋人，就活到了这个审美境界。

所谓审美境界，就是活得自然通脱，有趣漂亮，就是把人生当成一门艺术来活。

魏晋之后，实现这种审美追求的人越来越多，不管世事如何纷扰，他们始终在内心为自己保留了一分田地，想起陈淑桦的那首歌：每个人心里一亩田，用它来种什么？种桃种李种春风。

陶渊明不为五斗米折腰，归去来兮，田园将芜胡不归？辛弃疾抗金不成，埋首乡里野趣仍旧一片欣然，"大儿锄豆溪东，中儿正织鸡笼。最喜小儿亡赖，溪头卧剥莲蓬"。多么有趣温暖的画面！苏轼被贬，在隔壁东坡之上自己种菜养鸡，自号东坡居士，洒脱自由。

人生的趣味原来都是靠自己发掘的。清风明月不用一钱买，玉山自倒非人推。清风明月一直都在，山水田园一直没走，看你有没有一双有趣的眼睛，一颗有趣的心灵，去发现生活之美。

陶渊明

每个人心中都有一个桃花源 »»»

陶渊明 41 岁时，当上了彭泽县令。上任不到三个月，就碰到督邮刘云来检查公务。

刘云常以巡视之名索贿，凶狠贪婪远近闻名。

陶渊明的助手提醒他："当备好礼，穿盛装，恭敬迎之。"

陶渊明一甩衣袖，"吾不能为五斗米折腰，拳拳事乡里小人"。

他脱下官服，交出官印，绝尘而去。

陶渊明后来非常穷，但他心里很平静。家里无米的时候，就到人家门口求乞。他穷到有客来见，连鞋也没有，那客人让家丁取鞋给他，他便伸了脚穿上。

虽然穷困如此，他却不以为意，依然写着"采菊东篱下，悠然见南山"。鲁迅说：这样的自然状态，实在不易模仿。

千百年来，他的故事一直被人重复提起，即便是现在，你也能经常在文具店看到有关他的经典书签：一座山做背景，山前的他白衣飘飘，提着一篮子菊花，抬头望云。

南山、菊花，已经成为一种和他紧密相连的意象，而魏晋风度、归隐、田园派诗人等具有强烈象征意义的中国文化符号，也已经在几千年的回忆中和他紧密贴合、无法分开了。他那份不为五斗米折腰的文人气概、采菊东篱下的自然人生，成为后代文人的选择范式之一。遗憾的是，没有多少人能真正像他那样去实践。

于是，陶渊明式的人生，成为中国很多文人心中一个难以实现的梦，在那个梦里，有山水田园为伴，有诗歌美酒作陪；在那个梦里，他们自由自在、无拘无束……

一 魏晋风度的适度践行者

魏晋时代，政权更迭频繁，战火连绵，死亡常常不期而至。用鲁迅的话说就是：到晋末，乱也看惯了，篡也看惯了……

但正因为如此，魏晋的文人们开始思考人生的本质意义——既然生命无常，就要在活着的时候，用力追求生命的最大丰盈。如果长度不可控，那就扩展生命的宽度，挖掘生命的深度。

中国历史上由此第一次出现了"人的觉醒"——就是作为一个自然人（而非社会人）、一个独立的生命个体，认真思考该如何按照自己喜欢的模样，度过此生。

名仕刘伶，嗜酒佯狂，任性放浪。一次有客来访，他也不穿衣服。客人责问他，他却说：我是以天地为宅舍，以屋室为衣裤，你们为何跑到我裤子里面来？

阮籍的侄子阮咸，和亲友一起喝酒，不用酒杯，直接用大盆盛酒，喝得醉醺醺的。当时有一大群猪走来用嘴拱酒，阮咸就开心地和猪一起喝酒。

郗鉴听说琅琊王氏的子侄都很英俊，就派门生送信给王导，想在琅琊王氏家族中挑选女婿，王导让送信的门生去自家的东厢房随便选择。门生回去后对郗鉴说：王家的年轻人都很值得称赞，他们听说来选女婿，都仔细打扮了一番，竭力保持庄重，只有一个青年在东边的床上露出肚皮看书，神色自若，好像漠不关心似的。

郗鉴说：就是他了！

这就是东床快婿的故事，这个人就是王羲之。

这就是传说中的魏晋风度，那时候的文人名仕，活得率真天然，可爱有趣。

陶渊明就出生在这样一个大的时代背景下——政治上纷乱割裂，名士们通脱放达，老庄思想尤为盛行。

那么陶渊明从小就完全接受了老庄思想、过着和他们一样的生活吗？

不是的。

陶渊明生在彼时，身上也有着浓厚的追求率性自然生活的基因，但在老庄思想为主的思想体系之中，很长的时间里，他都还是一个儒家儿郎。

历史有明确记载，"陶渊明自幼修习儒家经典，爱闲静，念善事，抱孤念，爱丘山，有猛志，不同流俗"。他早年曾受过儒家教育，也有过"猛志逸四海"的远大志向。

可是在那个老庄盛行的年代，他也自然地受到道家思想的熏陶，所以喜欢自然、一任天然的习性又深埋在他的价值体系之中。可以说，在41岁之前，陶渊明的心中一直有两颗种子，一颗是儒家，一颗是道家，他成长的过程，就像是这两颗种子争夺营养竞相成长的过程。几乎有二十年的时间，他一直纠结在两种人生道路之间，入世还是出世？儒家还是道家？

开始的时候，是儒家占了上风，当然，也与陶渊明需要谋生这个现实境况有关。

二十岁，陶渊明开始了他的游宦生涯，《饮酒》其十里面有一句说得很明白："在昔曾远游，直至东海隅。道路迥且长，风波阻中途。此行谁使然？似为饥所驱。"

二十九岁，他出任州祭酒，不过不久就觉得不开心，辞官归家了。

后来他又奉使入都，但很快又回家，归家途中曾被大风所阻，还写了一首诗叫《庚子岁五月从都还阻风规林》，表达了他想回家的渴望和对园林旧居的怀念。

四十岁那一年，再度出仕，出任参军。可他始终纠结在为官一展宏图还是回归故乡田园这两条道路之间，"目倦川途异，心念山泽居"是他那时的心理纪实。

终于，41岁那年，在几次出出入入之后，他彻底地离开了官场——就是本文开头说的那一年。

他纠结了二十一年，现在终于做出了最终的选择。

道家这颗种子在长期被压制的环境中，坚韧成长，终于占了上风。当然，陶渊明最终做出这个选择，肯定也与当时盛行的魏晋风度有关。

那么选择了道家的陶渊明，受了魏晋风度影响的陶渊明，从此就像刘伶、阮咸那样放纵不羁了吗？

也没有！

即便是选择了道家，陶渊明本身的性格中始终还有一点儒家思想的牵制，这使得他在践行魏晋风度方面，就没那么极端，可以界定为一种适度的魏晋风度。

对，他也喜欢喝酒，甚至把家里大部分的地都用来种高粱了。但在老婆的要求下，还是留出一部分地来种植粮食。

他不像嵇康他们整日在竹林中欢畅游戏，喝酒跳舞，他还是要下地干活的。有诗为证："种豆南山下，草盛豆苗稀。晨兴理荒秽，带月荷锄归。"看，不仅耕作，还要一大早就去，月亮出来了才回呢！

陶渊明追求的愉悦是在山水田园之间的，是自然淳朴的。他说"园日涉以成趣"，就是每天要到园子里面看看自己种的花花草草，见证它们的成长，那样才有趣！

鲁迅曾经有一篇文章专门讨论魏晋风度及药与酒之关系，充分说明那时候的名士在追求狂放不羁的个人自由方面确实是有点过了头，要靠吃五石散变白变美，要靠数捫虱而谈来比赛谁更有风度，这实在是有些过分吧？

这种大环境之下，更显陶渊明的魏晋风度是适度的、自然淳朴的、符合人性的，自然也是更为持久的。

二 归隐的杰出代表

钱穆说：归隐是中国文学中一个非常重要且独特的主题，它也是全世界范围内只有中国才有的一套文化价值，而且是根深蒂固的。

我想这可能与华夏民族几千年的农耕文明有关，还记得华夏文学史上最初的那首诗歌吗？"日出而作，日入而息。凿井而饮，耕田而食。帝力于我何有哉？"长期的农耕文明的影响，对于田园自由生活的无限热爱与深切眷恋，可能一直都深埋在华夏文人的血脉里，等到时机成熟，就要开出花来。

第一个归隐名人可能就是骑青牛出函谷关的老子？

任东周史官、图书馆长的老子，眼看着周王朝越来越衰败，决定离开故土，四处云游。当他来到函谷关的时候，碰到驻守在此的尹喜，请求老子留下著作以慰后世。老子于是在函谷关住了几日，留下一本五千言的《道德经》后，骑青牛出关，再也没人知道他的踪影。

老子这样的高人，就此彻底归隐到自己喜欢的世界中去了。

中国文化名人中，还有一个隐者，介子推。

《左氏春秋》记录了"介子推不言禄"的故事：介子推跟随晋文公重耳继承王位有功，但是他看到其他人都使出浑身解数争抢功劳，心里很是气愤，他说"下义其罪，上赏其奸，上下相蒙，难与处矣"。于是决定和母亲一起隐居起来，不再理会俗世中事。他的母亲建议他"亦使知之，若何"？意思是让介子推写一篇文章，让那些同朝中人知道他为何离开，介子推说："言，身之文也。身将隐，焉用文之？是求显也。"——言语是身体的修饰，身体都要隐居起来了，还何必修饰呢？这是为了凸显自己啊！母亲明白了他的意思，于是和他一起归隐，"遂隐而死"。

汉初帅哥张良，也是一个超有水平的隐者。

张良几次出奇计帮助刘邦建立汉朝，绝对的特级功臣。可是汉朝初定，刘邦要封张良为三万户侯的时候，张良却婉拒了，他说就封留地这个地方给我就好了（所以后世称他为留侯张良）；刘邦要他居高位，他说臣本布衣，能以三寸不烂之舌成此大业，位列封侯，实在已经是布衣所能达到的终极，从此"愿弃人间事，从赤松子游耳"。他在最繁华的时候选择了云淡风轻，这恐怕也正是张良之所以为高人张良的最重要的根底。

藏在华夏儿女血脉中的归隐这颗种子，继续流转，下一个让他开花结果的人，恐怕就是陶渊明了。

"归去来兮！田园将芜胡不归"？是血脉里的声音在唱歌在召唤。

归隐到哪里去呢？到田野中去！

陶渊明在《归去来兮辞》里，真实记录了他归隐的原因和过程：

> 余家贫，耕植不足以自给。……尝从人事，皆口腹自役。于是怅然慷慨，深愧平生之志。犹望一稔，当敛裳宵逝。寻程氏妹丧于武昌，情在骏奔，自免去职。仲秋至冬，在官八十余日。因事顺心，命篇曰《归去来兮》。乙巳岁十一月也。

因为家里太穷，饥饿促使我出去做事，心里往往为此非常感慨，深愧于心中本来的志向。本来想着再忍受一年，一年后领到工资就马上收拾衣裳、连夜归去。没想到突然接到妹妹去世的消息，心情非常着急，想要马上去奔丧。

这个妹妹是陶渊明的父亲所娶妾氏的女儿，比陶渊明小 3 岁，因为嫁给程姓人家，所以叫她程氏妹。

从陶渊明的父亲有妾氏这一点来看，陶渊明的家世似乎还不至于太穷——对啊，他的曾祖父陶侃，可是东晋的开国元勋，军功显著！父亲也曾做过太守。可惜的是父亲在他八岁时就去世，之后家境便加速没落。正是这个庶母带着他和妹妹一直寄居在自己的娘家、也就是外祖父孟嘉家里，不仅外祖父家丰富的藏书丰富了陶渊明的少年生活，而且外祖父风流名士的性格特点和行事作风也深深地影响了年少的他，为他以后终于走上归隐的路埋下了种子。

　　叫人无限愁苦的是，十二岁时庶母又去世，家里就只剩下了陶渊明和他同父异母的妹妹，也就是这个程氏妹。二十岁，大概是他们最贫苦的时候。为了生计，陶渊明不得不出来工作赚钱养家。从陶渊明的文章来看，他和庶母以及这个妹妹的感情似乎都很不错。母亲先死，陶渊明丁忧三年之后又出来做官。如今妹妹又死，他深感生命真是太短暂了，所以连预想好的再忍受一年也等不了了。虽是冬季十一月，他仍急急往回赶。

　　前面是《归去来兮辞》的序言，也就是这篇文章的写作因由。说明原因后，陶渊明长舒一口气，大喊一声：归去来兮！田园将芜胡不归？——前面四个字真是振聋发聩，犹豫隐忍了那么久，如今终于做出了决定。回去吧，大喊一声，真是舒一口长气！后面接一句反问，坚定离职的决心。

　　虽然离职后的他生活清苦，但归隐的心在纠结了二十多年后早已确定无疑，剩下的只有适应、享受，看山不是山，是朋友；看花不是花，是亲人；看水不是水，是自己。

　　归隐是一种状态，也是一种实践。困苦的物质生活也还是和以前一样，但心里的感觉不同了，苦便成了乐。

也有人参照介子推的归隐，说陶渊明的归隐不是真正的归隐。归隐了，为何还要写作？这不是求显吗？

这真是一个很难界定的问题，他自己在田野间欣然，又想把这种欣然表达记录下来，记录下来的文字传出去，别人说他求显，可能他并没有那样的意思，这个要怎么界定呢？

关于这个问题，鲁迅在《魏晋风度及文章与药及酒之关系》中说："诗文完全超于政治的所谓'田园诗人''山林诗人'，是没有的。完全超出于人间世的，也是没有的。既然是超出于世，则当然连诗文也没有。诗文也是人事，既有诗，就可以知道于世事未能忘情。"

有一个事实是，关于陶渊明，与他同时代的人确实很少评价他，比如专门评价各种文学大家、文学作品的刘勰就真的一点都没有提起过他。这是不是说明，陶渊明自己并没有有意去传播自己的作品？他写来只是为了自己留着欣赏，当时的人便很少有人知道，于是他在同时代的人中，也没有什么名气，也很少有人评价。

后来，他的作品流传出来的越来越多，后世人对他的评价也越来越多。胡应麟说他"陶之五言，开千古平淡之宗"。辛弃疾说他"身似枯株心似水，此非闻道更谁闻"？——意思是说如果他没有得道，还有谁得道了呢？欧阳修对他的评价更高，"晋无文章，唯陶渊明《归去来兮辞》一篇而已"。

作为陶渊明大粉丝的苏轼曾经这样说过："吾与诗人无所甚好，独好渊明之诗。渊明作诗不多，然其诗质而实绮，癯而实腴，自曹、刘、鲍、谢、李、杜诸人，皆莫过也。欲仕则仕，不以求之为嫌；欲隐则隐，不以去之为高。饥则扣门而乞食，饱则鸡黍以迎客。古今贤之，贵其真也。"苏轼强调的亦是陶渊明的"真"字！

自然通脱、率真如他，这是不是足以说明，陶渊明还是归隐这一脉之中的杰出代表？

三 山水田园派鼻祖

回到了山水田园的陶渊明，是一种什么状态呢？

我们到他的《归去来兮辞》中看看：

"问征夫以前路，恨晨光之熹微。乃瞻衡宇，载欣载奔。僮仆欢迎，稚子候门。"——归心似箭，埋怨天怎么还不亮？终于紧赶慢赶，看到了自己的家，开心地一路小跑，家人孩子都站在门口欢迎我。

进了屋之后，话话家常，喝喝小酒！

"引壶觞以自酌，眄庭柯以怡颜。"自斟自酌喝着小酒，斜着眼高兴地看着院子里的树。

"倚南窗以寄傲，审容膝之易安。"人其实不需要那么大的地方，能容下一双膝盖就可以了，安于贫困，怡然自得。后来李清照跟丈夫在青州闲居，心情舒畅，自号易安居士，便是从这里来的。

"园日涉以成趣"，院子里要每天去打理才能体会到那种快乐。哪种快乐呢？看花开花落、叶绿叶黄，感受生命的变迁，时光的流逝。

"策扶老以流憩，时矫首而遐观"，拄着拐杖到处瞎晃，想休息就休息一会，时不时抬头看看远方，诗与远方。

"富贵非吾愿，帝乡不可期"，凡世的富贵不是我的愿望，成神见仙这种事也很难期待得来。

"怀良辰以孤往，或植杖而耘耔，登东皋以舒啸，临清流而赋诗。聊乘化以归尽，乐夫天命复奚疑"，就让我一个人过这段美好的时光吧！就这样吧，顺着死生变化的自然规律，乐天知命以尽年。

他是山水田园派的鼻祖，而这篇文章也是山水田园诗歌绝对的经典之作。

这篇文章好，好在三处：

多处用典而自然，看似顺手拈来，其实是博闻功夫；你知道那个典故，会心一笑；你不知道那个典故，也不影响你理解文章的意思。这可能就是用典的最高境界！

极合声律，所以读起来朗朗上口，抑扬顿挫。

由实到虚，从简单的农家生活到深刻的人生百味，不求凡世的富贵是可贵的，不求神见仙更可贵（屈原、司马相如可都是四海八荒到处神游，遍访诸神）。他不学古人，他只停留在这一生，探究人生这个阶段淳朴的意义。实在可贵！

除了这篇代表作，他在田园生活那段时间还写了一系列《归园田居》，展现他在当时真实的生活状态。

如《归园田居》其三："种豆南山下，草盛豆苗稀。晨兴理荒秽，带月荷锄归。道狭草木长，夕露沾我衣。衣沾不足惜，但使愿无违。"看完这首诗歌一直想笑，很开心地笑。你看老陶好不容易下定决心归来了吧，种点豆子还"草盛豆苗稀"！可见他根本不是做农民的料吗！把庄稼种成这样，还说自己忙到月亮升起来才扛着锄头回家。哈哈哈，也不知道他一天都在地里忙啥？好吗，豆子没种好也就算了，还把衣服弄得脏兮兮的，又得老婆洗衣服了！但他自己还说"衣沾不足惜"，那是因为衣服不用他洗吗？真是令人开心捧腹的诗歌，率真可爱，有趣好玩的陶渊明啊！

不仅在生活中如此，写文章他也是各种拉扯，彻底放飞，完全不管后来人能不能看得懂。我们来聊聊他那篇特别有名的《桃花源记》，举某些重点段落来说明：

"晋太元中，武陵人捕鱼为业。缘溪行，忘路之远近。"以捕鱼为业的人，竟然会迷了路，是不是有点奇怪？

"忽逢桃花林，夹岸数百步，中无杂树，芳草鲜美，落英缤纷，渔人甚异之。复前行……土地平旷，屋舍俨然，有良田美池桑竹之属。"这一大段的描写，真把后人给忙坏了，各种比对寻找这个桃花源到底会在哪里。后来民国大师陈寅恪研究发现，这个世外桃源是真实存在的，只不过不在大家普遍认为的湖北湖南交界处的武陵，而是在陕西潼关以西。这是陶渊明听一个从潼关回来的、身临其境的朋友讲的，所以应该是实写。只不过，陶渊明将地点从陕西潼关向南转换到了武陵。但有一点老陶没来得及处理，就是"土地平旷"这一点，湖南湖北交界处山地尤其多，不可能土地平旷。

"阡陌交通，鸡犬相闻。其中往来种作，男女衣着，悉如外人。"这里的人穿的衣服怎么可能跟外面的人一模一样？如果他们是嬴秦的时候就躲避战乱进来的，那么现在已经600多年了。600年间服装变化很大了，更何况是在南北朝，南北大融合时代，正是服饰文化大变的时期。

……

"自云先世避秦时乱，率妻子邑人来此绝境，不复出焉，遂与外人间隔。问今是何世，乃不知有汉，无论魏晋。"根据前面一句的描述，有人推论说这个秦不是嬴秦，是符秦，也就是南北朝时的一个国家。如果照此说，这个村落的人进来的时间还不长，衣服穿得跟外人一样就说得过去。可是后面一句话就很奇妙了，如果是南北朝时进来的，不可能不知道汉朝和魏晋。那么他们应该还是嬴秦时就进来的，可是衣服没有改变这一点又怎么解释呢？

……

"既出，得其船，便扶向路，处处志之。及郡下，诣太守，说如此。太守即遣人随其往，寻向所志，遂迷，不复得路。"为什么明明做了记号却找不到了？有人说这条河是季节河，估计后来水涨了，标记被冲掉了。想想，当时渔人进来的时候落英缤纷，应该是四月左右，停留了数日，出来时做的记号，再回去假设是在六七月的话，确实有可能是涨水了！可是出来和再回去之间真的隔了那么久吗？

"南阳刘子骥，高尚士也，闻之，欣然规往。未果，寻病终，后遂无问津者。"据考证，刘子骥这个人是真实存在的，他是陶渊明的亲戚加朋友，也是一个喜欢到处游览采药的人，他有一次到衡山采药，误入一个满是名贵仙草的地方，后来问人才找到出路。陶渊明为什么要把他拉来这篇文章中呢？

所有疑惑都指向以下事实：关于桃花源的第一部分景象描写是真的，只是从陕西换到了湖南；第二部分关于碰见村中人的事情，全部都是虚写的，因为虚写，很难合理解释，所以存疑较多；第三，为何要特意引入一个真人刘子骥，而且特别强调他是"高尚士也"，因为陶渊明是想反虚为实。——就是让你真的相信这个地方是存在的。

后人一直把桃花源作为理想社会的象征认真追寻，可是没想到，老陶写的时候，本来就是虚虚实实，跨时空凭心情嫁接而成的，我们是不能当真去探究的！

老陶的山水田园诗写得有趣怡然，散文也是顽皮淘气。你数数，在一篇文章里能埋下那么多雷，让后人几千年也解不开的人，到底能有几个？

其实鲁迅先生在《中国小说史略》里面有句话已经在提醒我们，他说"幻设为文，晋世固已盛，如陶潜之《桃花源记》《五柳先生传》皆是矣"。也就是说，其实我们是可以像理解幻化之文那样去理解《桃花源记》的。所以，提醒大家，不能当真的！

都说城里人套路深，没想到住在南山下的乡里人套路更深！

四 身后：留一段归隐名，开一个山水诗派

陶渊明不为五斗米折腰的文人气概，对待贫穷的自然态度，为后世文人留下了另外一条可供选择的路径。

但连鲁迅都说，这是不易模仿的。事实证明，也没有多少人能够像他这样生活还能如此愉悦，这样贫穷还能如此淡然。他把自己活成了一棵树，一株草，就是那样静静地、默默地立在自然之中，有雨了就滋润，有风了就摇头，干旱了就自己待着，直到生命力枯竭，最后融入自然之中。

他的生活状态不易学，但他的山水田园诗可以学。

他把细腻的笔触投向静谧的山林，悠远的田野，创造出一种田园牧歌式的、宁静的生活。这种安然的、纯净的美很多人都可以用

心体会得到，它是国人心中最深沉的一片净地。能体会而且有能力将它写出来的人，就是陶渊明系、山水派诗人的继承者。比如后来的谢灵运、王维、孟浩然等，他们用自己的诗文将山水田园诗不断推进，使其向前发展。

有一个问题是，在陶渊明之前，真的就一直没有山水田园诗歌吗？

我们尝试回头去找找看，到《诗经》和《楚辞》中去找找看。

"昔我往矣，杨柳依依；今我来思，雨雪霏霏""袅袅兮秋风，洞庭波兮木叶下"，这些耳熟能详的诗句似乎也都创造了一种迷离、萧瑟的自然之美，描写的景物也都是纯自然的，这算是山水田园诗的起源吗？

不算！

因为这种景物描写，其主要作用是为人物活动提供场景，是作为一种背景而存在的，它们自身还不是一种独立的审美对象。

一直到汉末建安时期，曹操写了一首《观沧海》，"东临碣石，以观沧海。水何澹澹，山岛竦峙。树木丛生，百草丰茂。秋风萧瑟，洪波涌起……"全文都是山水风光，表达作者与之匹配的慷慨之气。某种意义上可以说，这是文学史上第一首完整的山水诗。

如果说曹操的这首诗只是偶尔为之，那么到陶渊明，则是真正将山水诗发扬光大、浓墨重彩地展现在了世人面前。

主要活动在南北朝时期的诗人谢灵运是拿起这个接力棒的第二人。

谢灵运生于东晋末年，但其主要活动时间在南朝时期，所以算作南朝文学家。

他有一首小巧精致的诗写得非常好——《东阳溪中赠答》："可怜谁家妇？缘流洒素足。明月在云间，迢迢不可得。可怜谁家郎？缘流乘素舸。但问情若为，月就云中堕。"

这首诗相当于男女情歌对唱。第一段是帅哥撩美女的：这是谁家的美女啊，怎么在这小溪里洗脚啊？脚对于中国女性是很私密很重要的，脚在中国文学中很具有性暗示的意味！你就像那明月高高地飘在云间，那么高那么远我怎么够得到呢？男主人公很是惆怅！

第二段是美女回复帅哥的：这是谁家的帅哥啊，怎么一个人乘着白色的船儿晃荡？白色在古代绝对是美男子的标配！你如果问我心里怎么想，你看看月亮正从云中落下来。——暗示芳心已许！

真感觉这就是那首歌"我的情也真，我的爱也深，月亮代表我的心"的另一个诗意版本！

接力棒的第三棒，应该就是唐朝的孟浩然了。一首《过故人庄》："故人具鸡黍，邀我至田家。绿树村边合，青山郭外斜。开轩面场圃，把酒话桑麻。待到重阳日，还来就菊花。"

清新自然、简洁明快，真是山水田园诗派的经典代表作！

孟浩然的好朋友王维也是写山水田园诗的个中高手，一首《鸟鸣涧》："人闲桂花落，夜静春山空。月出惊山鸟，时鸣春涧中。"不仅有诗有画，还有禅意！将山水田园诗又向深处推进了一层。

如果陶渊明能够看到后来所有山水田园诗的演进，他会不会开心地再浮一大白？

可惜的是，山水田园诗到了宋代以后，虽在运用诗化的语言抒情、状物、写景、叙事方面，有行文不拘一格、使人耳目一新之作，但山水诗的境界已远远比不上唐朝。

谢灵运

看透世情参悟山水 >>>>

说起中国历史上最值得称颂的朝代，无论如何都绕不过大汉大唐。

但在汉朝和唐朝这两个伟大、统一的朝代之间，则充满着离乱、分裂和战争。先是魏蜀吴三国鼎立，然后是司马懿从曹魏手中篡得政权建立晋朝，可惜50年不到就被北方的五胡从当时的政治经济中心黄河流域赶到了没那么繁华的长江流域，这就是东晋。

东晋偏安于安徽、江苏一带，因为在这里，长江刚好是自西南向东北流动，主要驻扎在长江以东的东晋因此也被称为江左。赶走了晋，北方的少数民族纷纷逞强，互相不服，结果一下子冒出十六个国家，各自为王，这就是五胡十六国。

长江流域是东晋，黄河流域是五胡十六国，本来也可以相安无事，毕竟中国的土地这么大。可是人心从来是不足的，南北之间就经常打打杀杀，战乱不断。

你可以计算一下，如果五胡十六国中每一个国家每年都出兵打一次东晋——当然他们内部也要打来打去的，互相干不过就想往南收拾汉人政权东晋，扩展自己的地盘，那么东晋的日子该有多难过!

更何况，东晋也不愿意委屈自己一直居住在南方，还天天想着打回去。一个想北伐回家，一个想向南扩展，大大小小战争的次数，大家可以想象。

这无数次的战争之中，有一次具有非凡意义的战争必须单独拿出来说一说，因为它影响了整个华夏民族的历史，保留了华夏民族默默流传了两千多年的本土文明。

这就是淝水之战。

公元 383 年，北方十六国之一的前秦浩浩荡荡向南出兵，在淝水（现安徽省寿县东南方）与东晋部队交战，没想到，最终东晋仅以八万军队大胜前秦八十余万大军!

以一敌十! 或者这就是天命吧。如果前秦胜出，保留着华夏民族文明之根的东晋可能连荒蛮的长江流域都保不住了。不仅如此，拥有绝对优势的前秦败给了东晋之后，北方逐渐分裂削弱，而东晋则趁机北伐，把边界线推进到了黄河，并且此后数十年间再没有外族敢侵略东晋。

确实，如果没有淝水之战的胜利，华夏汉文明将被北方民族彻底灭亡。正是在淝水之战取胜之后，华夏民族争取到一个较长的稳定期（30 多年），并将政治文化的中心慢慢从黄河流域真正转移到了长江流域，华夏文明因此得以延续。

学者雷海宗有观点认为中国四千多年的历史可分为两大周，第一周由起点至淝水之战，这是纯粹的华夏民族创造文化的时期，外来的血统与文化没有占重要的地位。在第一周，黄河流域是政治文化的中心，长江流域处于附属地位，珠江流域到末期才加入中国文化的范围；第二周从 383 年淝水之战一直到现在，是胡汉混合、梵华同化的新中国，是一个综合的中国，无论在民族血统上还是文化意识上，中国的个性并没有丧失，外来的成分却越来越占有重要的地位。

可以说，淝水之战真是具有非凡意义的、成功战争的典范！就在淝水之战之后的两年，本文的主角谢灵运带着光环降生了！

一 出身顶级门阀

淝水之战打得真是漂亮，简直就是以少胜多的典范！

你猜指挥这场战争的人是谁？

就是谢灵运的曾祖爷爷谢安和他的弟弟谢石！他们的侄子谢玄也有参战，是重要的将领之一！谢灵运就是谢玄的孙子，谢安的曾侄孙。

这一大群超厉害的人，有一个共同的家族名称：陈郡谢氏。

唐朝刘禹锡的诗"旧时王谢堂前燕，飞入寻常百姓家"中"谢"就是指他们家。

陈郡谢氏发迹于曹魏时期，到晋朝，已经发展成为中国古代顶级门阀士族，在当时的四大盛门"王谢袁萧"中排名第二。排名第一的琅琊王氏发迹于西汉时期，王导、王羲之等名人就属于琅琊王氏，也就是刘禹锡那首诗中的"王"家。

这些原本生活在北方黄河流域的名门望族，都是在西晋末年永嘉之乱时衣冠南渡到金陵，并慢慢在南方扎根继续发展的。

所谓衣冠南渡，就是因北方动乱而发生的大规模的人口南迁。

中国史学家普遍认可的南渡有两次，第一次就是西晋末年王谢等大家族跟着晋元帝南渡，在建康（今南京）建立东晋；第二次是北宋靖康之耻以后，一大群士绅跟着宋高宗渡江，以临安（今杭州）为行都，建立南宋。

为什么叫衣冠南渡？

古代士以上才戴冠，衣冠南渡是说南迁的基本上都是士绅阶层。大多数贫苦老百姓没有那么多盘缠，又雇不起马车脚力，很难实现长距离的搬迁，只能待在老地方忍受新主子的奴役。

另一方面来说，衣冠南渡的士绅作为教育的主体，基本上掌握着华夏文明的主要成果。他们的南迁，其实是延续了华夏文明的脉络，使得华夏文明可以继续在南方开花结果。

但是，南方本地的士族会欢迎他们吗？

没那么容易！那确实是一个非常漫长、为难的融合过程。

跟着皇帝南迁的北方士族，天然地在政治权力中享有优势。南方士族对中原士族独霸仕途这一点，当然很不满意。三朝元老王导想了很多办法想要笼络他们，但是就连晋元帝，南方士族都不大理睬，到建康过了大半年还没有人来求见。

恰逢一个节日，王导请晋元帝坐着皇帝的宝辇隆重出巡，朝中官员都恭恭敬敬骑马跟从，凸显晋元帝的尊严。有几个南方士族在门隙偷看，大惊，才到路旁拜见。

王导就势将他们引荐给皇帝并使之获得重用，慢慢地，南方士族才一个个归附，成为东晋政权的一个构成部分。

另外一方面，王导又在南方士族势力较弱的地区，安置北方逃来的士族和民众。然后还带头与南方士族联姻，一切都慢慢地稳定下来！

王导为东晋开辟了半壁江山，比他小44岁的谢安，则通过淝水之战，保住了这半壁江山。可以说，陈郡谢氏就是从淝水之战开始而名满天下的。

从这次战争开始，谢家才真正从一个普通士族变成了与琅琊王氏并列的名门望族。他们的名望高到什么程度呢？据说连当时的五代皇室（东晋，南朝）都比不上。南朝梁时期，侯景曾向梁武帝请求和王谢两族联姻，梁武帝萧衍说王谢门第太高不适合你联姻，可以在他们之下的朱家、张家找一个。侯景很不高兴，后来娶了萧衍的女儿——能娶皇帝的女儿，却没资格娶"王谢"两家的女儿！可见当时这两个顶级门阀的名望之高。

这么高级的士族，别人都高攀不起，那儿女们的婚事该怎么解决呢？

一般多在四大家族里面解决，尤其是王谢两家互相通婚！比如说谢安的侄女、著名才女谢道韫，就嫁给了王羲之的儿子；谢灵运的父亲娶的就是王羲之的外孙女。

王谢两家的繁华一直持续到南朝末年，到隋朝开始有了科举制度，新贵慢慢兴起，门阀士族才渐渐衰落。

只是令人遗憾的是，淝水之战结束以后，功高盖主的谢安本人却遭到了当时整天酒醉昏迷的晋孝武帝的嫉妒和猜忌，被迫前往广陵避祸。385年，也就是淝水之战后仅仅两年，谢安病逝。

谢安真是中国文人心中的榜样，他在成就一世功业的同时，还始终为自己保留了一方文人天地、纯净情怀。他是可以在战场中指挥若定，又可以在明月前把酒临风的；他是可以在国家危难之中艰难匡扶，却又从来不屑行卑躬屈膝之事的。他治世是儒道互补，为人也是儒道兼济，他是很多文人想要活成的最好的样子！

就是在他去世这一年，他的曾侄孙谢灵运出生了。

二 是自己太作还是真的官场太难

谢安死后，原本团结向上、和睦共处的东晋朝廷开始走下坡路，民间也有力量开始骚动。

五斗米道徒士族孙恩乘着民心骚动，纠结党羽起事，很短时间内人数骤增至数万人。其他人有样学样，各地纷纷起事，很多晋朝官吏被杀。这群来自民间的野蛮人士在大街小巷屠杀掳掠，不遗余力地进行破坏。尤其是对于士族长期欺压他们的仇恨之火熊熊燃烧起来，开始了疯狂的报复。有的士族全家被杀，甚至婴儿也不能免死。

孙恩作乱三年之后，其部队才被晋兵击败，其本人也投海自杀。但是孙恩死后，余众又推卢循为首领，继续骚乱。直到九年后，才被刘裕击败。

那时候不仅民间骚乱不止，各地还碰上了大饥荒。据历史记载，"一向腐朽的士族中人，这时候披着精制的罗衣，抱着心爱的金玉，关着大门整家整家地饿死——他们连掘些草根充饥的本领也没有"。

就是在这样混乱的时代背景下，谢灵运成长到了 23 岁。

谢家作为顶级门阀，有人在朝廷为官，有人手中还握有兵权，那时候应该没有受到孙卢之乱过多地侵扰。但是为保安全，谢灵运从小是寄养在钱塘杜家的，因此他还得了个乳名叫客儿。名字叫客儿，但他并不真把自己当客人，该学习学习，该游玩游玩，茁壮得像根玉米一样。

成人后的他回建康继承了自家康乐侯的爵位——所以又称谢康乐，又有才又不缺钱，倒也还算春风得意。他也知道自己的分量，一点都不客气，曾放言说，天下才共有一石，曹子建一人独得八斗，我得一斗，剩下一斗你们大家看着分。换句话说就是反正我不管，除了曹植，我就是宇宙最棒！

这份自信、骄傲，在那个混乱的、那么针对士族的时代也真是够勇敢的了！

作为谢家人的后代，深厚的家庭教养、才学都是没问题的，但大男儿就该有一番作为，要有作为就得进政府，毕竟有平台才能发挥个人能力呀！

其实在 20 岁的时候，他就出任了琅琊王、大司马司马德文的行参军。那时候的他，风流倜傥，自信卓绝于世，也喜爱奢侈豪华，历史记载说他的车子装潢得鲜艳而美丽，他的衣着、玩的、用的，也经常求新求变，甚至在当时引领了一股时尚的风潮。

年轻人骄傲自负，不知生活艰辛、官场艰难也是有的。但生活从来不会只偏爱一个人！

在打击孙卢起事的过程中，刘裕渐渐掌握了军政大权，后来干脆篡了东晋的帝位，自己建国当起了皇帝。奉东晋王朝之命出使归来的谢灵运，没想到复命的对象竟然换了人！

但他仍然被任命为宋国的官员，只是因为后来擅自处死门生，才被免除官职。

说实话，作为顶级门阀的后代，自己的祖辈一直都在为正宗的皇家——东晋皇帝服务，现在大臣篡权，自己却还要继续为他工作，谢灵运的心里本来就很不是滋味。再加上他年少轻狂、为人高傲，自恃才高一斗，也不怎么把刘裕这样的武夫放在眼里。——说句公道话，刘裕建立南朝宋，还是比较励精图治的。但谢灵运完全不管这一套！

他选择了放飞自我、任性妄为的行为模式。很快，他的爵位由康乐公降为康乐县侯，食邑从两千户降为五百户。刘裕本来是给他敲个警钟，没想到这种处罚却让谢灵运变得更加偏激，常常有触犯礼法律令的出格行为。所幸，朝廷只当作是有才华文人常有的怪癖，没怎么特别追究。

37 岁，谢灵运被排挤外放，去永嘉（现在的温州一带）做了太守。永嘉这里本来就有很多名山秀水，他一贯是喜欢游山玩水的，加之这次是被贬而来的，便更加任情遨游。每次出游，十几天不回来，什么工作安排、进度跟进、审理案件之类的，一概不闻不问。

就这样爽到飞起的状态，他自己还很不满意，只待了一年，就称病离职，返乡隐居去了。

再后来，刘裕的儿子继承帝位，曾两次召见谢灵运进宫当职，他都没理睬。皇帝又派出高官专门写信恭维，他才勉强应召就任。

皇帝本来想叫他写一本《晋书》，但他只写出粗略提纲，书终究没有写成。虽然如此，他还是每天早晚都被皇帝召见，很受宠爱。他和皇帝之间的主要分歧在于他以为自己是文化名人，有号召力又有能力，自然应该参与朝政，可是皇帝呢，只拿他当一个可以讨论诗文的文人。于是慢慢地，谢灵运的老毛病又来了，常常推说自己有病不上朝，只管修筑池塘、种植花树，同时继续保留了喜欢外出游玩的习惯，往往一走就是十多天，既不上书请示，也不请假。

没办法，宋文帝只好暗示他主动辞官。于是谢灵运上书称自己有病，皇帝让他休假回家乡休养。

作为谢安的曾侄孙，真不明白谢灵运为什么没有继承一点先辈处理官场事务的能力，谢安是深知儒道互补，一向圆融处世的，为什么谢灵运偏偏这么偏激呢？

回家休养的他继续放飞自我，日以继夜地游玩喝酒集会赋诗。当时会稽的太守是一个信仰佛教的人，天天诚恳认真，念经礼佛。可是谢灵运很瞧不起他，对他说：成仙得道应该是有灵气的文人，你升天一定在我谢灵运之前，成佛一定在我谢灵运之后。

太守自然很不高兴谢灵运说的话了，也很讨厌他的高傲。两个人就这样结下了梁子。

后来太守抓住机会，上奏朝廷说谢灵运有谋反之心——谢灵运态度骄傲自然不对，但太守作为礼佛之人却心怀怨毒似乎也不应该啊。幸好谢灵运及时知道，立马飞骑进京，跟皇帝表态说明自己的委屈："我希望皇上鉴定是非曲直，那么即使我死了，也如同活着一样。我现在整天担心害怕，以致老病发作，神情恍恍惚惚，不知怎样陈说。"

其实皇帝心里明镜似的，知道谢灵运不是有心谋反的那种人，于是把他改派到临川去做内史。可是谢灵运旧习不改，依然故我。后来再次遭人弹劾，在其他人的坚持下，皇帝不得不下诏书判他免死充军广州。

在广州，讨厌他的人还是穷追不舍，后来就真的被人掌握了他当年确有叛逆之心的真实证据，于是在广州北就地正法——那时，谢灵运49岁。

叛逆之事到底有没有，真的很难说。以谢灵运的性格来看，似乎不可能，就算有凭据，估计也是被人挑唆一时冲动，但是他的生命却因此而彻底结束了。含着金钥匙出生的谢灵运，将一手好牌打了个稀巴烂。

但是，这也许只是一般人世俗的视角。在他的立场来说，他这样狂作、任性，正是名士风流。

谢灵运最崇拜的人是曹植，曹植因为喝酒误事，过于放纵失去了父亲的信任，失去了有可能属于自己的王位——谢灵运的人生态度不可避免地受到了偶像曹植的影响，或者他们在精神内核上都属于名士一脉。

名士在中国并非一朝一夕之间就产生了，它是配合着时代背景一点一滴地形成、发展，到魏晋始成规模。名士风流、率真洒脱、任性不羁，不仅是魏晋一个时代的荣光，从三曹到竹林七贤、从陶渊明到谢灵运，名士风度一脉相承，绵延不绝。

谢灵运喜欢美美的华车、变换花样的穿着，喜欢寄情山水、与酒为乐、不屑政治，这些都与魏晋名士的基本追求是一脉相承的。但谢灵运的纠结之处在于他既想做一名潇洒不羁的名士，又想在政治上受到重用；等皇帝真给了他一个发挥的平台，他又表现得很不屑，觉得平台太小还是做名士比较好。可以说，他的一生都在这两点之间徘徊纠结。

也许他这样矛盾的性格恰恰是源于他顶级门阀的出身背景，他与生俱来的优越感是显而易见的，觉得受到政治上的重用是理所应当的；但同时他又以名士自居，以曹植为偶像，希望过自由自在的生活。他如此矛盾的人生态度与竹林七贤和陶渊明还是有区别的，竹林七贤大多都无意政治（虽然后来形势所迫，有的也进入了司马懿的政府做事），陶渊明更是坚定自己的选择，再穷也是态度淡然一派欣然。

谢灵运之后，名士这一中国文化特有的群体并没有湮没在历史的长河里，尤其是社会黑暗的时候，它总是适时出现，成为文人对自我精神道路的一个选择。

例如晚明时期，政治腐败，很多文人由抗争转为避世，以此消融个性与社会、理想与现实的矛盾，出现了以李贽的"童心说"为旗帜，以袁宏道等人的风流自放为示范的名士群体——他们不仅继承了魏晋名士的任情旷达、宴游无拘的一贯特点，又结合时代特色增加了追求市民情趣的审美需求。

明末清初的张岱就是明清之际文坛上一个坐标式的人物。前期他是放荡不羁的名士，后期他是有着黍离之悲的前朝遗民，名士与遗民的双重人格使他的作品兼具风流得意与惆怅苦痛两种不同的况味。

名士风流，那也许是留给后人说的，其实他们的内心经常都是很纠结的。

三 寄情山水，得许多山水妙诗

谢灵运做人做事无常性，当官又不合常规，但有一件事，他无论走到哪儿都坚持做，那就是吟诗作赋。纠结矛盾的谢灵运被后人记住、赞颂，基本上也是因为这些山水诗！

他写的是哪种类型的山水诗呢？

这得从当时文坛的主题风说起。

在混乱的、从北向南的大迁移中，在适应南方生活、重建现实生活、稳定内心的过程中，他们比曹魏时期的文人、比西晋时期的前辈体会到更深的人生道理。这些道理以诗化的语言写出来，就有了玄言诗。其代表人物如谢灵运的外曾祖父王羲之、曾祖父谢安以及孙绰等。

谢灵运出生前，文坛上流行的正是这样的玄言诗。

玄言诗跟魏晋时期的玄学一脉传承，其根本宗旨都是为了了悟人生本来的意义以及发现实现这种意义的途径，它有点像佛家的参悟，有点像道家的悟道。高深倒是高深的，但因为过于注重理论求索，艺术性方面就没关照到位。钟嵘评价玄言诗"理过其辞，淡乎寡味"似乎很能代表一般人的观点！

谢灵运开始写诗，便一改这样寡淡的文风。那么他的诗和玄言诗之间是否存在一种继承关系呢？

玄言诗是透过世界这层外衣去看人生的本质，所以有点直奔主题的意思，几乎不涉及世界本身的美，所以穷理的玄言诗是比较难懂的；而谢灵运为代表的山水诗是在山山水水的风光里或欣赏或参悟：欣赏这一层来说，学会欣赏身边的世界天地方能见其美，就像是天地有大美而不言，吾为天地言之；参悟这一层，则是从山水四季变化的规律中，参透人生哲理。山水诗一旦有了参悟之意，便凭空高出许多意境。——这或许就是玄言诗与山水诗的区别与继承关

系吧

谢灵运一生在官场上未能有所作为，所以一直寄情山水之间，又因看透世态人情，多有得道之悟。以人生参悟入山水诗，所以美景因哲思更显高妙，禅悟因山水更为了然。

欣赏他的一首山水诗来感受一下那种美：

春事时已歇，池塘旷幽寻。残红被径隧，初绿杂浅深。偃仰倦芳褥，频步忧新阴。谋春不及竟，夏物遽见侵。（《读书斋诗》）

更多人喜欢他的《登池上楼》，但笔者看到这首清新小作却觉得真是有趣：这是浙江温州，暮春初夏时候，暖暖的风吹着，满地落花的暗香弥漫着，去年叶子的旧绿和今年发芽的新绿交杂着。躺在床上的谢灵运打开窗户，看着窗外的美景，春意越来越淡，还没来得及好好探寻，夏姑娘就迫不及待要来了。——好像看到那个谢灵运，就那样慵懒地躺在晚春的阳光里、在花香弥漫的春风里……

生命中美好的一刻，可能你我都经常会遇到的一刻，却被他捕捉到并记录下来，成了经典！

谢灵运的诗有点像他的名字，灵气运行之中，真有满满的灵气！

除了诗歌写得确实不错，他在游山玩水途中还有很多有趣的小故事，下面这则故事因为后来被李白各种羡慕，我们专门来说说。

话说谢灵运任永嘉太守时，常一个人外出游玩。这天晚上他来到一家客店住宿，吃罢晚饭，正抱着被子蹲在床上看书，噔噔噔，一阵脚步声，有人来给他送茶。谢灵运抬头一看，一个十五六岁的小姑娘，打扮朴素，一条丝带扎着满头秀发。他不禁随口吟道："六尺丝带，三尺缠头三尺挂"。

不料，姑娘朝谢灵运淡淡一笑，回道："一床棉被，半床遮身半床空"。

骄傲的谢灵运大吃一惊，想不到乡野姑娘竟有如此才气，可惜诗句有点轻飘，我男你女，你怎好说老夫棉被半床空？便道："竹本无心，偏生许多枝节。"

姑娘一听，知道刚才随口对的诗，让这个老男人误会了，马上答道："藕虽有孔，不染半点污泥。"

谢灵运一听，真服了，于是接了一句"唉！山深林密，教樵夫如何下手。"

没想姑娘淡定从容："哎！水清沙浅，劝渔夫莫费心机。"然后泡好茶，带上房门自己下楼去了。

谢灵运目送姑娘离房，自言自语道："山高溪小，偏出如此奇女。"

姑娘在楼梯上听到，朗声答道："地僻村贫，莫嫌怠慢贵客。"

不知这段故事到底是真是假，但后来李白能提及此事，很有可能是真的。即便不是真的，因为故事本身这么风趣智慧，后来的人也都希望它是真的吧？

谢灵运的诗写得好，生活小故事又这么好玩有趣，他乘坐的豪华马车，他的穿衣风格，当然还有诗文风格，在当时就很受追捧，后代才子更是不吝赞美，比如中国文学界赫赫有名的李白！

李白一生狂放，有几个文人、有几首诗歌能入他的法眼？可是李白却非常崇拜谢家人，从谢安到谢灵运，从谢灵运到后来的谢朓！李白崇拜谢安，除了他力挽狂澜为国抗敌的英雄气魄，还非常羡慕谢安能自己养一班家妓，出游时美女如云，喝酒时秀色佐餐，读书时红袖添香。大才子李白真是有点羡慕嫉妒恨，有诗为证："谢公终一起，相与济苍生。""谢公自有东山妓，金屏笑坐如花人。"

李白喜欢谢灵运，对谢灵运当年艳遇那个灵秀姑娘的事特别羡慕，"谢公宿处今尚在，渌水荡漾清猿啼"。作为超级旅游爱好者的谢灵运，为了上下山方便，还自创了一种谢公屐，李白也很是喜欢，有诗曰："脚著谢公屐，身登青云梯。"

李白还喜欢谢朓，"蓬莱文章建安骨，中间小谢又清发""谁念北楼上，临风怀谢公"，说的都是谢朓。

谢朓是谁？他又有什么贡献呢？

和谢灵运同族的后辈谢朓，继承了前辈谢灵运在山水诗上的衣钵，不仅有继承，而且有发展——他还和好朋友沈约一起，共创了永明体（因在永明年间而得名）。

永明体的核心在"四声八病"：先是周颙发现汉字有平上去入四种声调，于是创作了《四声切韵》。——四声是声律论提出的前提和基础。后有沈约根据《四声谱》，深入研究了诗句中声、韵、调的配合，指出平头、上尾、蜂腰、鹤膝、大韵、小韵、旁纽、正纽八种五言诗应该避免的弊病，称为"八病"。

他们将"四声八病"运用于诗歌创作，务求做到"一简之内，音韵尽殊；两句之中，轻重悉异。"——声律开始在诗歌中应用，例如我们小时候常常背诵的仄仄平平仄，平平仄仄平；平平平仄仄，仄仄仄平平。这是中国诗歌发展的重要一环，也是唐代五言、七言律诗发展的源头。

谢朓强调用声律作诗，他说："好诗圆美，流转如弹丸。"意思就是说，好的诗就像拨转出去的弹子，一声声，叮叮叮，圆润、华美！比如他写的这首《游东田》："远树暖阡阡，生烟纷漠漠。鱼戏新荷动，鸟散余花落。"

永明体倡导四声八病，开启了中国律诗的先河，这确实是中国诗歌一个非常重要的发展阶段，永明体更为即将到来的唐诗的全面开花打下了极好的基础。其中谢朓的贡献很大，萧衍在称帝后一直追慕不已，还说三日不读谢朓诗，便觉口臭。

谢安、谢灵运、谢朓，从玄言诗、山水诗到永明体，真是中国诗歌发展一个非常重要的阶段。正是有了他们打的好基础，正是因为谢灵运在谢安和谢朓之间的承上启下，才能让后来的唐诗汹涌盛放，开出如此绚烂琳琅的花！